NORMATIVITÉ ET DÉCONSTRUCTION

HUSSERL EN POCHE

À LA MÊME LIBRAIRIE

Méditations cartésiennes. Introduction à la phénoménologie, 1992

Sur l'histoire de la philosophie. Choix de textes, 2014

BIBLIOTHÈQUE DES TEXTES PHILOSOPHIQUES
Fondateur Henri GOUHIER Directeur Emmanuel CATTIN

HUSSERL

NORMATIVITÉ ET DÉCONSTRUCTION

DIGRESSION DANS LES *LEÇONS SUR L'ÉTHIQUE* DE 1920

Présenté, traduit et annoté
par

Marie-Hélène DESMEULES et Julien FARGES

PARIS
LIBRAIRIE PHILOSOPHIQUE J. VRIN
6 place de la Sorbonne, V[e]

2020

Imprimé en France

ISSN 0249-7972

ISBN 978-2-7116-2923-7

www.vrin.fr

PRÉSENTATION

Lors des semestres d'été de 1920 et 1924, Husserl donna des cours sur l'éthique dont les manuscrits sont aujourd'hui rassemblés dans l'*Introduction à l'éthique. Leçons des semestres d'été 1920/1924* (Hua XXXVII)[1]. Ces cours prolongent les *Leçons sur l'éthique et la théorie de la valeur* que Husserl donna entre 1908 et 1914 et qui ont déjà fait l'objet d'une traduction française[2]. Pourtant, le lecteur déjà familier avec les cours de 1908-1914 sera frappé par la singularité de ces textes plus tardifs. Husserl ne cherche plus à démontrer la possibilité d'une axiologie et d'une pratique formelles ni à déployer leurs lignes directrices, projets qui constituaient le cœur des cours de 1908-1914. Ces développements antérieurs servent au contraire d'appui grâce auquel Husserl compte prendre position vis-à-vis d'autres conceptions de l'éthique. C'est ainsi qu'à chacune des séances des cours de 1920 et 1924, il convoqua et critiqua une à une les éthiques antiques, celle de Hobbes, l'hédonisme, les éthiques de Cudworth et de Clarke et enfin évidemment celles de Hume et de Kant.

1. E. Husserl, *Einleitung in die Ethik. Vorlesungen Sommersemester 1920 und 1924*, hrsg. von H. Peucker, Hua XXXVII, Dordrecht-Boston-London, Kluwer Academic Publishers, 2004.

2. E. Husserl, *Vorlesungen über Ethik und Wertlehre (1908-1914)*, hrsg. von U. Melle, Hua XXVIII, Dordrecht-Boston-London, Kluwer Academic Publishers, 1988 ; trad. fr. par Ph. Ducat, P. Lang et C. Lobo, *Leçons sur l'éthique et la théorie de la valeur (1908-1914)*, Paris, P.U.F., 2009.

Il est cependant un texte qui se démarque et fait office de complément à l'ensemble de ce volume, sous la forme d'une « digression » (*Exkurs*) au sein de ces leçons sur l'éthique. Comme le rappelle l'éditeur allemand Henning Peucker, cette *Digression*[1] a tout au moins été lue au semestre d'été de 1920 et était également prévue pour celui de 1924[2]. Ce texte a cependant par la suite été retiré de ces leçons pour être inséré dans les manuscrits de la liasse A IV intitulée *Doctrine de la science*. Et pour cause. Si dans les premières leçons de l'*Introduction à l'éthique* il est principalement question d'éthique, la *Digression* porte pour sa part sur deux partages qui peuvent être faits au sein de la classification des sciences. Husserl établit d'abord un partage entre les sciences d'objets (*Sachwissenschaften*)[3] et les sciences normatives (*Normwissenschaften*), et s'efforce d'identifier et de délimiter les différentes sciences normatives possibles. Les sciences normatives se démarquent alors des premières en ce qu'elles thématisent la rectitude de nos propositions, c'est-à-dire les relations qui subsistent entre nos propositions et certains prédicats normatifs tels que « correct » et « incorrect » (§ 1 à 7). Ce premier partage conduit néanmoins Husserl à en opérer un second : celui qui subsiste entre les sciences de la nature et les sciences de l'esprit (§ 8 à 12). Une partie du propos de Husserl consiste alors à considérer ce second partage à partir du premier, afin notamment d'établir que seules les sciences de l'esprit admettent une orientation normative.

1. E. Husserl, *Einleitung in die Ethik*, Hua XXXVII, *op. cit.*, p. 259-320.

2. H. Peucker, « Einleitung des Herausgebers », dans *ibid.*, Hua XXXVII, p. XXXV-XXXVI.

3. Pour la justification de ce choix de traduction, *cf.* la note du traducteur, *infra*, p. 61.

Si nous disions que la *Digression* se démarque de l'ensemble du volume XXXVII des *Husserliana*, c'est donc parce qu'il y est peu question d'éthique. Nous comprenons néanmoins pourquoi Husserl a pu, en un premier temps, la lire à la suite des séances portant spécifiquement sur l'éthique. Car au-delà de l'explicitation de ce que sont sciences d'objets, sciences normatives, sciences de la nature et sciences de l'esprit, ce qui traverse la *Digression*, c'est également la démonstration que les sciences normatives et l'éthique ne sont pas équivalentes. Le point culminant de cette distinction se trouve au § 13, au cours duquel Husserl propose une élucidation phénoménologique des équivoques qui entachent le terme « évaluer » (*werten*). Il montre alors que les sciences normatives et l'éthique n'impliquent pas les mêmes actes intentionnels et ne partagent pas non plus un même domaine d'objets.

C'est cette *Digression* que nous avons décidé de traduire ici. Bien que nous l'isolions par ce geste de l'ensemble du volume XXXVII auquel elle appartient aujourd'hui, nous croyons être autorisés à le faire en raison de l'intention finale de Husserl, qui avait décidé de la retirer du manuscrit F I 28, où se trouve l'ensemble du cours sur l'éthique de 1920-1924, pour l'inclure dans le manuscrit A IV 22 [1].

1. Ajoutons qu'initialement, intercalé entre les § 12 et 13 de cette *Digression*, se trouvait également le texte « L'empathie comme "expérience intérieure". Les monades ont des fenêtres », constituant aujourd'hui l'Appendice LIV du volume XIII des *Husserliana* (E. Husserl, *Zur Phänomenologie der Intersubjektivität. Texte aus dem Nachlass, Erster Teil : 1905-1920*, hrsg. von I. Kern, Den Haag, Martinus Nijhoff, 1973, Hua XIII, 470-475). Husserl indique ne pas avoir eu le temps de lire ce texte dans ses cours sur l'éthique ; pourtant, c'est bien à ces cours qu'il le destinait à l'origine. Celui-ci n'ayant pas été traduit dans les deux volumes *Sur l'intersubjectivité*, nous avons décidé de l'inclure à la présente traduction (cf. *infra*, p. 175 *sq.*).

Quant au titre général sous lequel nous l'avons placée, il renvoie aux deux thèmes fondamentaux qui structurent son développement, la normativité et la déconstruction, tout en invitant à mesurer la distance à laquelle Husserl se trouve de l'usage qui est (ou a été) fait de ces notions dans le champ de la philosophie contemporaine. On sera peut-être surpris, en effet, de découvrir que le type de philosophie que Husserl cherchait à développer à travers elles est celui-là même contre lequel elles sont le plus souvent brandies aujourd'hui. À tout le moins ces pages de la *Digression* de 1920 ont-elles pour mérite de montrer que d'autres usages, non exclusivement critiques, de ces notions sont possibles, dont il n'est pas exclu qu'ils puissent avoir une fécondité dans le contexte contemporain.

Les pages qui suivent proposent quelques éléments de présentation des thèmes et des enjeux proprement husserliens de cette *Digression* dans ses deux parties principales.

I. La thématisation de la normativité (§ 1 à 7 et § 13)

Si ce texte constitue une pièce maîtresse dans l'explicitation de ce que Husserl entendait par « norme » et par « normativité », c'est à la fois parce qu'il y relie l'apparition d'idées normatives à la structure de l'intentionnalité, et parce qu'il y expose quels sont les rapports que la normativité entretient avec une science de la raison, avec les modalités thétiques et avec l'éthique.

Normativité et structure de l'intentionnalité

La première partie de la *Digression* poursuit une thématique plusieurs fois reprise par Husserl, principalement dans les *Prolégomènes*, l'*Introduction à la logique et à la théorie de la connaissance* (1906-1907) et *Logique formelle et logique transcendantale* (§ 7), soit celle du partage entre les sciences d'objets et les sciences normatives. Husserl aborde cependant cette thématique frontalement, alors que dans ces autres textes, il la considérait toujours indirectement. Ainsi, s'il est bien par exemple question de sciences normatives dans les *Prolégomènes* ou l'*Introduction à la logique et à la théorie de la connaissance*, c'est seulement au cours d'une investigation qui se porte d'abord et avant tout sur l'essence de la logique [1]. De même, si la question des normes revient dans la troisième section des *Ideen I*, c'est seulement dans le cadre d'une explicitation de ce qu'est pour Husserl une science de la raison [2]. À ce titre, la *Digression* fait figure d'exception. Car c'est bel et bien la recherche de ce que sont les sciences normatives et de ce qui fonde leur possibilité qui constitue le point de départ de Husserl. Ce qui le conduira à penser leur possibilité à partir de la structure intentionnelle de la conscience, et non pas à partir d'une simple application normative de sciences d'abord essentiellement objectives et théoriques.

C'est pourtant ainsi que Husserl considérait l'usage normatif de la logique dans les *Prolégomènes à la logique pure*. L'idée que la logique puisse avoir un tel usage normatif occupait déjà bien des logiciens de l'époque qui, en se

1. *Cf.* E. Husserl, *Logische Untersuchungen. Erster Band : Prolegomena zur reinen Logik*, hrsg. von E. Holenstein, Den Haag, Martinus Nijhoff, 1975, § 16, Hua XVIII, 59-62 ; trad. fr. par H. Elie, A. L. Kelkel et R. Schérer, *Recherches logiques, tome 1 : Prolégomènes à la logique pure*, Paris, P.U.F., 2002, p. 51-54.

2. E. Husserl, *Ideen zu einer reinen Phänomenologie und phänomenologischen Philosophie, Erstes Buch : Allgemeine Einführung in die Phänomenologie. 1. Halbband : Text der 1.-3. Auflage*, neu hrsg. von K. Schuhmann, Den Haag, Martinus Nijhoff, 1976, § 136-153, Hua III/1, 314-359 ; trad. fr. par J.-Fr. Lavigne, *Idées directrices pour une phénoménologie pure et une philosophie phénoménologique*, Paris, Gallimard, 2018, p. 403-456.

référant à la *Logique* de Kant, reconnaissaient qu'elle avait pour fonction d'édicter des règles quant à « la façon dont nous devons penser » [1]. En son orientation normative, la logique nous indiquerait par exemple que nous ne devons pas juger que A et ¬ A sont, mais que nous devons juger la conclusion « C est B » si les prémisses « Tout A est B » et « C est A » sont vraies. Husserl n'y faisait pas exception, et reconnaissait lui aussi cet usage normatif de la logique. Seulement, cet usage était pour lui accessoire et ne devait pas avoir d'impact sur notre définition de la logique en tant que science essentiellement objective et théorique [2].

Husserl croyait ainsi se démarquer tant de ceux qui étaient en faveur du psychologisme que de ceux qui s'y opposaient. Les premiers promouvaient l'idée selon laquelle la logique était essentiellement une technologie de la science, c'est-à-dire un art déterminant comment nous *devons* penser et raisonner si nous devons réaliser la science [3]. Les seconds définissaient quant à eux l'idéalité des concepts logiques comme un idéal à atteindre qui oriente notre pensée ; les concepts logiques devaient donc essentiellement exercer une fonction normative sur cette dernière [4].

1. I. Kant, *Logique*, trad. fr. L. Guillermit, Paris, Vrin, 1966, p. 12. Sur cette question, *cf.* L. Freuler, *La crise de la philosophie au* XIXe *siècle*, Paris, Vrin, 1997.

2. E. Husserl, *Prolegomena zur reinen Logik*, § 13, Hua XVIII, 45-46 ; trad. cit., p. 34.

3. *Ibid.*, § 11, 18 et 41.

4. *Ibid.*, Hua XVIII, 168 ; trad. cit., p. 182. La logique de Herbart constitue un bel exemple de la confusion qui pouvait subsister, chez les antipsychologistes, entre l'idéalité des concepts logiques et l'idée d'un idéal à atteindre : cf. *ibid.*, Hua XVIII, 220-221 ; trad. cit., p. 241-242. Voir également J. F. Herbart, *Lehrbuch zur Einleitung in die Philosophie*, Königsberg, Unzer, 1837, § 34 ; C. Maigné, « Le réalisme rigoureux de J. F. Herbart », dans J. F. Herbart, *Les points principaux de la métaphysique*, Paris, Vrin, 2005, p. 49-62.

À l'encontre de ces deux voies, Husserl affirmait pour sa part que les propositions de la logique sont d'abord seulement « théoriques » et portent simplement sur les différentes relations qui subsistent entre les divers concepts formels appartenant au domaine de la logique. Cette logique théorique n'obtenait à ses yeux une fonction normative qu'en un second temps, à la faveur d'une « application » ou de ce qu'il nommait également une « conversion » ou une « tournure » normative [1]. Husserl soutenait donc que les lois théoriques de la logique, mais aussi plus largement toute vérité [2], peuvent être appliquées à nos jugements et servir de norme déterminant leur rectitude.

Ainsi, dire des principes logiques qu'ils peuvent avoir une fonction normative, c'est simplement dire que les jugements conformes au contenu de la logique théorique qui leur est appliquée sont des jugements corrects. Le principe syllogistique théorique suivant :

> Pour tout couple d'attributs AB, est valable la proposition : si tout objet qui a l'attribut A a aussi l'attribut B, et si un objet déterminé quelconque S a l'attribut A, il a aussi l'attribut B

peut donc prendre la tournure normative suivante :

> Qui que ce soit qui juge que tout A est aussi B, et qu'un certain S est A, est obligé de (doit) juger que cet S est aussi B. [3]

Là où la première proposition est simplement théorique, la seconde est quant à elle normative. Il n'est plus question d'« attribut », d'« objet », de « proposition » et de

1. *Cf.* E. Husserl, *Prolegomena zur reinen Logik*, § 41 et 50.
2. *Ibid.*, Hua XVIII, 161 ; trad. cit., p. 173-174.
3. *Ibid.*, Hua XVIII, 160 ; trad. cit., p. 172.

« validité », mais bien d'un « acte de juger » auquel la proposition théorique est normativement appliquée et, surtout, d'un « devoir ».

À première vue, nous pourrions avoir l'impression que Husserl ne fait que reprendre, dans la *Digression*, le schème d'une application normative des sciences théoriques développé dans les *Prolégomènes*. Il y est encore question de la différence entre les sciences théoriques et les sciences normatives, seulement, au lieu d'utiliser le terme « théorique », Husserl parle de « sciences d'objets ». En ce sens, il rappelle qu'une science a une orientation objective (*sachlich*) lorsqu'elle étudie ce que sont les objets de son domaine, quelles sont leurs déterminations, et quelles relations subsistent entre ces divers objets. Il remarque en revanche que certaines sciences jugent leur objet de façon normative et critique, c'est-à-dire de façon à déterminer s'ils sont « corrects » ou « incorrects ». Une mathématique objective déterminerait par exemple que « 2 < 3 », alors qu'une mathématique normative déterminerait s'il est correct ou incorrect de poser que « 2 < 3 » ; de même, une physique objective pourrait déterminer que l'éther existe, là où une physique normative chercherait à savoir si une telle affirmation est correcte ou incorrecte.

À nous en tenir à cette similitude, nous raterions cependant l'apport essentiel de la *Digression*, rendu possible parce que Husserl souhaite clarifier le partage entre les sciences d'objets et les sciences normatives en prenant un point de départ radicalement différent de celui qui était le sien dans les *Prolégomènes*. Husserl cesse de penser la normativité à partir de la validité idéale et formelle des principes logiques, et considère cette fois le lien qui subsiste entre le caractère intentionnel de la conscience et l'apparition d'idées normatives.

L'apparition de certains prédicats normatifs serait à ses yeux attribuable à la structure intentionnelle de la conscience[1]. Toute conscience de quelque chose aurait pour structure une « imbrication inextricable » entre l'*ego*, son acte, le sens et l'objet visé :

> Par principe, l'*ego*, l'acte de l'*ego*, le sens et l'objet nous sont donnés seulement dans une imbrication inextricable ; nous ne pouvons pas penser un *ego* sans le penser comme un *ego* réalisant ou réalisant possiblement des actes ; les actes ne peuvent pas être pensés sans qu'ils visent quelque chose, et donc sans qu'ils aient un sens ; nous ne pouvons pas penser le sens sans une objectité qui est justement visée dans ce sens ; et c'est pourquoi l'*ego* et les actes sont en même temps rapportés à cette objectité ([262]).

Au sein de cette structure, c'est la relation particulière entre le sens et l'objet qu'il vise qui justifierait l'apparition de considérations normatives.

La relation entre le sens et l'objet est en effet telle que l'effectivité d'une visée de sens n'entraîne pas l'effectivité de l'objet auquel elle se rapporte. Bien que nous en ayons conscience dans un acte judicatif, affectif ou volitif, cet objet pourrait par exemple être impossible, illusoire ou mythologique, comme c'est le cas lorsque nous pensons une Terre plate, un cercle carré ou, pour reprendre l'exemple de Husserl, le Dieu Fitzjlijutzli ([263]). À ce titre, Husserl insiste beaucoup sur le fait que la relation entre le sens et l'objet n'est pas une relation réelle – son exemple est alors celui de la planète Mars qui n'est pas réellement contenue

1. Sur le lien entre la normativité et la structure de l'intentionnalité chez Husserl, *cf.* J. Benoist, « Un concept normatif de l'intentionalité ? » dans *Études phénoménologiques*, 23, 2007, p. 9-36 ; M.-H. Desmeules, « Normativité et intentionalité : pour un pluralisme normatif » dans *Bulletin d'analyse phénoménologique*, 14/2, 2018, p. 1-33.

dans ma visée de sens « Mars est une planète » ([261]). En effet, s'ils étaient dans une relation réelle, l'absence de l'un des termes signifierait l'absence de relation entre le sens et l'objet. Or, force est de constater qu'en pensant ces objets, nous sommes bien en relation *intentionnelle* avec ceux-ci. Nous pouvons dans certaines visées de sens avoir intentionnellement conscience d'un objet – l'objet « présumé » ou « entre guillemets » dira Husserl, c'est-à-dire l'objet identifiable dans nos visées de sens – même si ce dernier ne s'atteste pas intuitivement.

Selon Husserl, c'est ce trait caractéristique de la relation intentionnelle – nous pouvons avoir conscience d'un objet même s'il n'existe pas réellement – qui fonde les jugements normatifs que nous portons sur nos visées de sens. S'il y a un sens à juger une visée de sens à l'aune de sa conformité à l'objet auquel elle se rapporte, c'est justement parce que la possibilité subsiste que l'objet ne soit pas tel qu'il est visé. Le sens qui est normativement conforme à l'objet auquel il se rapporte sera ainsi dit « correct » et « vrai », et « incorrect » et « faux » celui qui ne s'y conforme pas.

Une science normative serait ainsi une science thématisant le lien entre le sens et les prédicats normatifs que nous lui attribuons. Mais encore faut-il, pour que de telles sciences normatives soient possibles, que certaines sciences puissent avoir le sens comme domaine d'objets, et c'est pourquoi Husserl précise au § 2, avant d'entrer dans le vif de ses considérations normatives, que chaque proposition, mais aussi chaque fragment de sens qui les compose, est une idéalité qui, ayant sa propre existence dans le monde purement fermé sur soi du sens, peut être thématisée [1].

1. Le § 2 a en partie été repris par Ludwig Landgrebe lors de la rédaction d'*Expérience et jugement* (*cf.* E. Husserl, *Erfahrung und Urteil. Untersuchungen zur Genealogie der Logik*, Prag, Academia

Husserl remarque cependant à juste titre que ces différentes thématisations du sens sont encore seulement objectives : il y est toujours question de ce que sont les sens et les propositions, leurs propriétés et relations qui subsistent entre eux (§ 3). Le sens semble pourtant bien pouvoir être qualifié normativement. Seulement, tant et aussi longtemps que l'on considère le sens comme étant purement fermé sur lui-même, c'est-à-dire tant et aussi longtemps qu'on ne fait qu'« observer, comparer, décomposer et mettre en relation » ([269]) du sens, nous ne rencontrons aucun prédicat normatif. Husserl introduit alors une différence entre le fait de concevoir distinctement le sens lui-même, c'est-à-dire saisir ce qu'est une proposition et avoir une donation de la proposition elle-même (saisie qui est simplement *objective*), et le fait de le concevoir normativement [1]. Cette dernière possibilité n'entrerait en ligne de compte que lorsqu'il serait question de savoir si le sens ou la proposition peut bel et bien être normativement conforme à l'attestation intuitive de l'objet auquel se rapporte une visée de sens ([269-270]).

Cela signifie que les sciences normatives ne sont pas de pures sciences du sens. Elles sont des sciences qui reposent sur le rapport entre le sens et l'intuition qui le confirmerait, rappelant ainsi l'idée d'une science normative qui ferait intervenir l'intuition, annoncée à la fin des *Ideen I* [2]. Ces sciences dépendraient donc de recherches portant par exemple sur le type d'intuition propre à confirmer

Verlag, 1939, p. 314-316 ; trad. fr. par D. Souche-Dagues, *Expérience et jugement. Recherches en vue d'une généalogie de la logique*, Paris, P.U.F., 1970, p. 317-319). À ce propos, *cf.* la note du traducteur, *infra*, p. 70.

1. *Cf.* Appendice XIV, *infra*, p. 153.

2. E. Husserl, *Ideen I*, § 136-153, Hua III/1, 314-359 ; trad. cit., p. 403-456.

la rectitude d'une proposition posant une probabilité, celle d'une proposition portant sur un objet appartenant à la nature ou celle d'une proposition portant sur un événement historique antérieur; de recherches, donc, établissant l'intuition dont nous avons besoin pour confirmer la rectitude de telle ou telle proposition.

Elles dépendraient néanmoins également, en grande partie, de ce qui est formulé dans les sciences objectives du sens, puisque Husserl constate que la possibilité d'une confirmation intuitive d'une visée de sens est liée à la forme et à la structure du sens et des propositions ([270-271]). Ainsi, nous savons que la conclusion des syllogismes respectant certaines formes et dont les prémisses sont vraies est elle aussi vraie. De même, nous savons qu'une accumulation de sens qui ne prend pas la forme d'une proposition grammaticalement complète (« le vert et ou ») et qui est donc insensée ne peut ni être vraie, ni fausse.

L'extension progressive des considérations normatives de Husserl

Aurions-nous donc ainsi atteint, partant d'un point de départ pourtant très différent, c'est-à-dire de la structure de l'intentionnalité et non du problème de l'essence de la logique, le même point d'arrivée que dans les *Prolégomènes*? En un sens, il est vrai que dans les *Prolégomènes* comme dans la *Digression*, Husserl conclut que la qualification normative d'une proposition dépend de sa forme et de sa structure logiques. Pourtant, dans la *Digression*, parce que Husserl part de la structure de l'intentionnalité, le spectre de la critique normative qu'il propose est considérablement élargi. Là où la logique limite son examen critique et normatif à la structure logique formelle des propositions et de leurs enchaînements, le jugement normatif dont il est question dans la *Digression* porte plus largement sur l'attestation intuitive du contenu d'une proposition, que celui-ci soit considéré logiquement ou non. Ainsi, les propositions peuvent certes être critiquées d'un point de vue formel. Mais même si elles ne contiennent aucun contresens formel, elles peuvent encore être critiquées parce qu'aucune intuition ne confirme leur contenu propositionnel – comme lorsque nous concluons, dans le cas de l'astrologie, qu'elle est fausse parce que nous n'avons aucune confirmation intuitive que Vénus et Saturne agissent sur les affaires humaines. Husserl dépasse ainsi, parce qu'il reconnaît la structure intentionnelle comme lieu d'une normation, le simple cadre d'une application normative de la logique.

C'est l'investigation plus détaillée de la structure de l'intentionnalité qui devrait donc permettre de préciser – voire d'élargir – les considérations normatives initiales de Husserl. À ce titre, le § 4 de la *Digression* constitue un point tournant dans l'analyse de Husserl, qui, s'il avait jusqu'alors seulement reconnu la qualification normative du sens, se demande maintenant si les actes intentionnels ne peuvent pas eux aussi être qualifiés normativement. Une science du sens n'est certes pas une science subordonnée à une science des actes (§ 3), pourtant, les prédicats normatifs qui valent pour le sens d'un acte peuvent à tout le moins être transposés à l'acte lui-même. Cette transposition, similaire à l'application normative de la logique aux actes de juger qu'il avait développée dans les *Prolégomènes*, ne satisfait cependant pas Husserl, puisqu'elle ne conduit à aucune nouvelle science : elle duplique et transpose simplement la science normative du sens à celle des actes.

Rejoignant les analyses des actes intentionnels et l'idée de la science de la raison qu'il avait évoquées dans la quatrième partie des *Ideen I*, et confirmant par le fait même le caractère transcendantal de ses réflexions, Husserl convient néanmoins qu'une autre science normative des actes, qu'il nomme encore « science de la raison », est possible. Une science normative des actes aura pour objet d'établir quels actes sont directement intuitifs ; quel type d'intuition ils requièrent ; quels actes n'obtiennent leur confirmation intuitive qu'en étant fondés par d'autres actes ; et quels sont ces rapports de fondation, afin de relier ultimement ces actes et leurs structures à des prédicats normatifs ([272]). Husserl ne donne alors aucun exemple de propositions incluses dans une telle science normative des actes, mais nous pouvons penser, conformément à ce qu'il disait dans les *Ideen I*, qu'elle pourrait par exemple avoir pour objet d'établir que la rectitude d'une supposition exige un plus faible degré de confirmation intuitive qu'une certitude, ou que la généralisation étant un acte au fondement de la constitution de généralités génériques, il n'est pas correct de la placer au fondement des actes constitutifs des idéalités logiques[1]. Elle qualifierait ainsi de « corrects » – ou de « rationnels », pour reprendre le prédicat normatif spécifiquement employé par Husserl lorsqu'il est question des actes – les types et structures d'actes renvoyant à une intuition capable d'en assurer la rectitude intentionnelle ; et d'« incorrects » – ou d'« irrationnels » – ceux qui sont contraires à celle-ci. Loin d'être une simple transposition

1. Husserl est plus explicite dans les *Ideen I* quant au genre de recherches appartenant à une science de la raison. En font par exemple partie les considérations portant sur la façon dont la possibilité et le caractère douteux se légitiment dans des intuitions différentes (*ibid.*, § 145, Hua III/1, 336 ; trad. cit., p. 429) ou dont les actes synthétiques de niveau supérieur sont validés (*ibid.*, § 153, Hua III/1, 357-358 ; trad. cit., p. 453-454).

aux actes des prédicats normatifs qui valent pour leur sens intentionnel, la science de la raison que Husserl a ici en vue serait une science qui considère pour lui-même le versant noétique des vécus et sa relation à la rectitude intentionnelle.

Plongeant encore au cœur de la structure intentionnelle, Husserl examine également s'il y a un sens à qualifier normativement les objets auxquels se rapporte la relation intentionnelle. Il refuse d'abord cette idée, et en un sens, cela se comprend aisément puisque l'objet intuitif est la norme d'après laquelle nous jugeons une relation intentionnelle et non ce qui est soumis à cette norme. Il admet cependant une exception, à savoir lorsque nous attribuons un sens à ces objets réels (§ 7) – comme lorsque nous disons que tel livre ou tel chapitre est vrai, parce que le sens qu'il contient est lui-même vrai. À aucun moment cependant Husserl ne va jusqu'à considérer la possibilité, bien qu'il l'ait fait ailleurs dans son œuvre, de qualifier normativement l'objet réel en vertu de concepts ou d'idéaux que nous lui appliquerions, comme lorsque nous disons « Tom est un véritable ami » (indiquant ainsi qu'il a les traits caractéristiques du concept « ami ») ou lorsque nous disons « Le tableau est d'un vrai bleu » (parce que la couleur peinte, se distinguant véritablement du vert, correspond à l'idéal de distinction optimale que nous appliquons aux couleurs)[1].

1. Husserl reconnaît que nous jugeons parfois de la rectitude des objets perçus en fonction de leur normalité ou de leur optimalité perceptuelle. Nous attribuons alors une fonction normative à la normalité et à l'optimalité. Par exemple : *cf.* E. Husserl, *Die Lebenswelt. Auslegungen der vorgegebenen Welt und ihrer Konstitution. Texte aus dem Nachlass (1916-1937)*, hrsg. von R. Sowa, Dordrecht, Springer, 2008, Hua XXXIX, 650-666 (texte n° 57) ; trad. fr. par E. Alloa, « Normalité, anomalité et animalité », dans *Philosophie* 131, 2016, p. 24-35.

Au § 5, Husserl propose une nouvelle extension de ses considérations normatives, s'articulant cette fois-ci sur l'analyse détaillée de nos visées de sens. Il remarque que les propositions qualifiées de « vraies » ou de « fausses » sont des propositions déterminantes, c'est-à-dire des propositions au sein desquelles soit une propriété est attribuée à un objet (« La table est blanche »), soit deux objets sont mis en relation (« La table est à côté de la fenêtre »). D'autres visées de sens, et Husserl pense à celles qui sont corollaires de perceptions, de souvenirs et de représentations, posent cependant simplement et directement l'existence d'un objet sans lui attribuer une propriété ni le relier à un autre objet. Pour les distinguer, Husserl dit des premières qu'elles sont « à rayon multiple » (puisqu'elles posent un objet *et* sa propriété, ou encore *plusieurs* objets en relation) et des secondes qu'elles sont « à rayon unique ». Motivé par le fait que certaines positions qui sont à rayon unique (comme « Le temps nuageux ») résultent de nominalisations de positions d'abord multiples (comme « Le temps est nuageux »), il précise néanmoins par la suite que les propositions déterminantes ont en propre d'ajouter une couche de savoir à un noyau d'abord indéterminé [1]. Ainsi, une proposition posant directement un objet consisterait simplement à poser quelque chose d'encore indéterminé (« Il y a quelque chose », « Ceci », etc.), alors que la proposition déterminante préciserait ce qu'est ce noyau indéterminé (« Il y a une table », « Ceci est rouge », etc.). Husserl dira également au passage que la vision ou l'expérience d'un fantôme est un exemple de position indéterminée. Par « vision d'un fantôme », Husserl

1. Noyau indéterminé aussi qualifié de τοδέ τι dans l'un des appendices : *cf.* Appendice XVIII, *infra*, p. 162.

n'entend donc pas la vision de quelque chose que l'on aurait qualifié *de* fantôme – par opposition, par exemple, à un squelette lors d'une fête d'Halloween. Il entend au contraire la vision qui donne l'impression qu'il y a un objet réel quelconque et indéterminé *alors finalement qu'il n'y a rien*, comme dans le cas des mirages ou des hallucinations.

En faisant référence à ces visées indéterminées, que ce soit celle du « fantôme » ou celle du « ceci », Husserl cherche à montrer que ce genre de visées soulève aussi des enjeux normatifs. Soit il y a bel et bien là quelque chose, auquel cas ces visées de sens sont « correctes », soit il n'y a rien, auquel cas elles doivent être qualifiées d'« incorrectes ». Seulement, pour ce genre de proposition, Husserl suggère d'employer des prédicats normatifs particuliers : les termes « effectivement » (*wirklich*), « étant-véritablement » (*wahrhaft-seiend*), et « existant » pour qualifier les positions correctes, et les termes « n'étant pas » (*nicht-seiend*), « ne pas » (*nichts*), et « non-existant » pour qualifier celles incorrectes [1].

1. Lorsque Husserl parle dans la *Digression* d'une qualification normative de la perception, c'est donc en un sens différent de celui qui est aujourd'hui avancé par plusieurs commentateurs. Prenant appui sur certains textes de Husserl, ces derniers explorent principalement l'idée selon laquelle toute perception d'un objet serait tributaire d'une unité synthétique qui implique un certain ensemble de déterminations et d'apparitions comme devant normativement appartenir à cet objet perceptif et qui prescrit corrélativement certains enchaînements d'actes et de perceptions (*cf.* S. G. Crowell, *Normativity and Phenomenology in Husserl and Heidegger*, Cambridge, Cambridge University Press, 2013, p. 124-146 ; M. Doyon, « Perception and Normative Self-Consciousness » dans *Normativity in Perception*, M. Doyon et T. Breyer (éd.), New York, Palgrave Macmillan, 2015, p. 38-51 ; V. Palette, « Evidence as Norm of Normativity in Perception », dans *ibid.*, p. 196-207). Mais ce n'est pas ce que Husserl a à l'esprit lorsqu'il suggère, dans la *Digression*, de qualifier normativement le sens de nos

L'ajout de ces nouveaux prédicats peut néanmoins susciter de nombreuses confusions. Il pourrait par exemple être tentant de comprendre la distinction entre les propositions indéterminées et les propositions déterminées à l'aune du partage entre les sciences de la nature et les sciences de l'esprit que Husserl réalisera dans la seconde moitié de la *Digression*. Pourtant, ces deux partages ne se recoupent pas. Car l'objet qui est thématisé par les sciences de la nature a lui aussi ses déterminations, il « a, nous dira Husserl, son extension spatiale, des propriétés internes <qui> se déploient sur la figure spatiale, qui durent temporellement, se modifient et, dans cette modification, sont soumises à des lois causales » ([295]). La science de la nature porte sur ces déterminations, et non pas sur l'objet

perceptions. En effet, il est ici question d'une qualification normative de la perception alors que celle-ci est perception d'un quelque chose d'*indéterminé*, dont la rectitude ne peut donc justement pas dépendre à ce niveau d'une unité de déterminations, et qui appartiendra plutôt à ce que Husserl nommera « expérience pure » dans la seconde partie de la *Digression* : cf. *infra*, p. 103 *sq*. C'est la rectitude de la perception sans égard pour les déterminations de l'objet perçu ; celle qui dépend simplement de la présence ou de l'absence d'un quelque chose abstraction faite de ce qu'il est ou sera. De plus, le concept de normativité ici mis en œuvre par Husserl se démarque de celui qui est mobilisé par ces auteurs. Alors qu'aux yeux de ces derniers, la normativité de la perception appartient en général soit au registre des attentes et de la normalité (ce que devrait *normalement* être notre perception de l'objet), soit au registre de l'optimalité (ce que devrait *idéalement* être notre perception de l'objet), Husserl entend ici la normativité en un autre sens : elle appartient au registre de la rectitude, c'est-à-dire de ce qui résulte de l'application d'une norme à ce qui sera, selon son rapport de conformité à celle-ci, qualifié de correct ou d'incorrect (ce que devrait être notre perception de l'objet *considérant la norme qui lui est appliquée*). Nous verrons à ce titre que la *Digression* autorise une désambiguïsation de ce que Husserl entendait par « norme » et par « normativité », de sorte qu'il ne sera plus possible de les confondre avec ce qui est de l'ordre de la normalité ou de l'optimalité. À ce sujet, cf. *infra*, p. 27-30.

indéterminé, le « ceci » quelconque et vide de toute détermination, lequel appartiendra plutôt à ce que Husserl nommera « expérience pure » dans la seconde partie de la *Digression*[1]. Ce qui en revanche distingue les sciences de l'esprit des sciences de la nature, auxquelles appartiennent les interprétations naturalistes de l'esprit, c'est le fait que seules les premières admettent une orientation objective et une orientation normative, alors que les secondes n'admettent qu'une orientation objective. Les sciences de l'esprit admettent une orientation normative parce qu'elles portent sur les prestations de sens qui, en vertu de la structure intentionnelle dans laquelle elles prennent place, peuvent être jugées normativement. Les sciences de la nature ne peuvent quant à elles avoir une orientation normative sur leur objet, puisqu'en réduisant tout objet, dont l'esprit, à un objet de la nature, aucun de leur objet n'occupe la place d'un des termes de la relation intentionnelle – le sens ou l'acte intentionnel – assujettis à des normes. Seulement, pour que la possibilité d'une orientation normative soit bel et bien le trait distinctif des sciences de l'esprit, encore fallait-il démontrer, comme le fit Husserl au § 5, que toutes les prestations de sens des sujets ayant une conscience intentionnelle, *même celles se rapportant à ce qu'il y a de plus indéterminé*, peuvent être jugées normativement.

Surtout, nous pourrions avoir l'impression que Husserl, par l'ajout de ces nouveaux prédicats (*wirklich seiend, existierend*), s'écarte de ses considérations normatives initiales. En effet, une certaine ambiguïté entache l'expression « étant effectivement » (*wirklich seiend*),

1. Cf. *infra*, p. 103 *sq*.

Husserl lui ayant donné ailleurs dans son œuvre[1] une signification thétique et non pas normative.

Husserl entend par « thétique » toute couche d'une visée de sens qui concerne ou modifie sa thèse d'être. Un objet peut par exemple être visé comme étant effectivement, mais aussi comme étant possible, vraisemblable ou douteux, voire comme n'étant pas. À ces modalités thétiques sont par ailleurs corrélées des modalités doxiques telles que croire, supputer, conjecturer, douter, nier, etc. Par ces modalités thétiques et doxiques, nous modifions donc le degré de certitude que nous avons quant à l'être d'un objet[2]. Ainsi, en ce sens thétique, dire d'un objet qu'il est *effectivement*, cela veut dire qu'il est *certainement*, par opposition à s'il était simplement possible, douteux ou vraisemblable.

Comme nous l'avons précédemment explicité, l'attitude normative se rapporte quant à elle différemment au sens. Elle consiste non pas à varier la thèse d'être incluse dans nos visées de sens, mais à vérifier si une visée de sens est bel et bien dans un rapport de rectitude par rapport à ce qui s'atteste intuitivement. En ce sens normatif, dire d'un objet qu'il est *effectivement* signifie que la visée de sens est *véridique*[3].

Cette confusion entre ces deux types de qualifications est d'autant plus grande que toutes deux entretiennent un lien étroit, bien que différent, avec l'intuition. En un sens, il existe pour toute visée de sens une attestation intuitive

1. E. Husserl, *Ideen I*, Hua III/1, § 103-104.

2. *Ibid.*, § 103.

3. Nous trouvons également cet emploi normatif du terme *wirklich* dans les *Ideen I*, qui est alors explicitement posé comme synonyme de « véritable » [*wahrhaft*] : cf. *ibid.*, § 146, Hua III/1, 337 ; trad. cit., p. 431.

parfaite de l'objet qu'elle vise, c'est-à-dire optimale, intégrale et adéquate, capable d'en assurer l'absolue certitude. Pour l'objet perceptif par exemple, une telle intuition parfaite serait celle qui le donnerait selon toutes ses faces[1]. Lorsque les modalités thétiques et doxiques interviennent, c'est justement parce que l'attestation intuitive de l'objet admet des degrés et peut donc être dite plus ou moins parfaite. Le sera-t-elle moins que l'objet ne sera que douteux ou possible ; le sera-t-elle plus qu'il sera probable voire certain[2]. Les différentes qualifications thétiques et doxiques trouvent ainsi place sur un continuum

1. *Ibid.*, § 142-144. Ce que Husserl entend dans ces paragraphes des *Ideen I* par « règle » prescrivant la façon dont nous pouvons accéder à l'entière donation d'une chose matérielle n'équivaut pas à ce qu'il entend par « norme » dans la *Digression*. La règle dont il est question dans ces paragraphes est de l'ordre de l'optimalité : elle régit l'enchaînement d'actes grâce auxquels nous accéderons à l'*entière* donation de la chose. Notons au passage l'ajout, dans la traduction française des *Ideen I*, du terme « normative » pour qualifier cette règle (« une règle normative régissant »), alors qu'il est simplement question d'une « règle régissant » dans la version allemande : *gesetzmäßige Regel* (*ibid.*, § 142, Hua III/1, 330 ; trad. cit., p. 422). Les développements que l'on retrouve dans la *Digression* appartiennent plutôt aux considérations, que l'on trouve aussi dans cette dernière section des *Ideen I*, concernant les problèmes de vérification et de légitimation des actes, qui, lorsqu'ils sont légitimes, sont dits « rationnels », par opposition à la « déraison » (*ibid.*, § 145, Hua III/1, 333-334 ; trad. cit., p. 425-426). En ce sens, Husserl parle bien de configurations « contraires aux normes [*anomalen*] (négativement rationnelles) » et de configurations « conformes aux normes [*normalen*] (positivement rationnelles) » (*ibid.*, § 153, Hua III/1, 359 ; trad. cit., p. 455 – nous corrigeons les termes « anormales » et « normales » retenus par le traducteur).

2. Dans les *Ideen I*, Husserl donne quelques exemples d'une telle gradation de l'attestation intuitive affectant les qualifications thétiques de nos visées de sens : cf. *ibid.*, § 103, Hua III/1, 239-240 ; trad. cit., p. 314, ainsi que le § 145.

dont l'un des termes est un optimum intuitif : l'intuition qui assurerait la certitude absolue de l'effectivité de l'objet.

Or, la normativité intentionnelle dont il est question dans la *Digression* n'est pas de l'ordre de l'optimalité et elle n'admet pas de degrés. Elle consiste simplement à vérifier si telle ou telle visée de sens est correcte considérant ce que nous avons comme attestation intuitive. Elle pourrait donc l'être même si l'intuition est non optimale et imparfaite. Seulement, dans ce genre de situation, la visée de sens ne sera correcte que si elle est modifiée de façon à rendre compte *de ce qu'il y a* – rien de plus et rien de moins – *comme attestation intuitive*. Ainsi, viser un objet comme simplement possible peut être tout à fait correct d'un point de vue normatif (bien que non optimal) si c'est précisément cette modalité thétique que confirme l'intuition. Ce sera le cas par exemple lorsque la confirmation de l'existence d'un objet provient du poids de l'habitude, et non pas de sa confirmation directe.

La rectitude de la visée de sens ne se mesure alors pas à un idéal d'attestation intuitive parfait et optimal, mais plutôt à l'aune de l'ajustement entre ce que l'on a dans l'intuition et la visée de sens. Ce qui ne veut cependant pas dire que l'optimalité ne peut pas être transformée, en certaines circonstances, et principalement lorsqu'il est question de choses matérielles, en norme de rectitude de nos expériences. Pensons à la vue qui est dite ajustée lorsqu'elle est conforme à un idéal de distinction optimale où se distinguent *au mieux* les couleurs et les formes vues. Dans ce cas, il est bel et bien fait un usage normatif d'une optimalité [1]. Mais norme et optimalité ne deviennent pas

1. Sur l'usage normatif qui peut être fait de l'optimalité, ainsi que ses liens et ses écarts avec la normalité : *cf.* A. J. Steinbock, « Phenomenological Concepts of Normality and Abnormality » dans *Man and World* 28, 1995, p. 241-260.

pour autant synonymes. Nous pourrions dire, par analogie avec l'analyse intentionnelle réalisée par Husserl au § 13 de la *Digression*, que là où la norme a pour corrélat des actes intentionnels qui consistent à vérifier et à examiner la rectitude de ce à quoi elle s'applique ([315-316]), l'optimalité se constitue pour sa part par des actes qui consistent à opérer une gradation entre différents éléments [1].

Surtout, nous comprenons maintenant pourquoi nous pouvons dire, sans redondance, que l'objet est *effectivement effectif* lorsque ce que nous avons comme attestation intuitive confirme la rectitude de notre certitude en l'être effectif – et non pas douteux, ni simplement possible – de l'objet. C'est par ailleurs pour garder cette ambiguïté que nous avons décidé de traduire le terme *wirklich* par « effectivement », qui s'emploie à la fois en un sens thétique et normatif.

C'est aussi pour éviter de commettre le non-sens de confondre ce qui est de l'ordre d'une modalité thétique avec ce qui est de l'ordre de la conformité à une norme que nous avons traduit le terme *normal* et ses dérivés, sauf à deux occasions ([274] et [289]), par « normatif » et « normativité » et non pas par « normal » ou « normalité ». La normalité est du registre des modalités thétiques

1. En guise d'exemple de constitution d'une optimalité, pensons à ce qu'indique Husserl alors qu'il discute, dans les *Ideen I*, de la progression de nos perceptions et de leur remplissement intuitif (§ 138). Au fil de cette progression, l'évidence qui nous fait préférer une position thétique plutôt qu'une autre varie. Elle est « susceptible d'accroissement ou diminution » et fournit des motifs plus ou moins puissants, qui supposent donc que nous les placions selon une certaine « échelle graduelle de poids » (Hua III/1, 321 ; trad. cit., p. 411), dont le terme le plus élevé serait l'optimal qui garantit l'effectivité, et non par exemple la simple possibilité ou probabilité, de l'objet. Optimal qui n'est certes jamais définitivement atteint dans le cas de la perception d'une chose.

puisqu'elle renvoie à ce qui, étant fondé sur une confirmation intuitive généralisée et répétée, est possible. Or, dans la *Digression*, Husserl ne réfère pas, lorsqu'il utilise le lexique des normes, à ce qui est « possible ». Il réfère au contraire à une structure où l'un des termes peut être pris pour norme de rectitude d'un autre terme. Nous devions donc traduire le terme *normal* par « normatif ».

Éthique et normativité

Il est une dernière extension normative qu'il convient de souligner et qui explique pourquoi cette *Digression* prolongeait initialement des cours portant sur l'éthique. Au fil de son propos, Husserl ponctue ses analyses d'analogies entre les sciences normatives qui sont de l'ordre de la logique et celles qui sont de l'ordre de l'éthique et de la pratique. Car Husserl croit que les propositions ayant un contenu relatif à l'éthique ou à la pratique, c'est-à-dire faisant référence à des valeurs, des moyens et des buts, peuvent non seulement être jugées normativement depuis la logique – et il parle à ce titre du réfléchissement de ces propositions dans le domaine de la connaissance (§ 6) –, mais aussi depuis une perspective éthico-pratique normative.

L'analyse de ce rapport entre l'éthique et la normativité et surtout de leurs différences est le point culminant de la *Digression*. Husserl précise en effet, même s'il lui est arrivé d'employer les termes « valeur » et « vérité » comme s'ils étaient interchangeables[1], que les termes « éthique » et « normativité », « valeur » et « vérité » ne sont pas équivalents. Procédant à une désambiguïsation du terme « évaluer » (*werten*) (§ 13 b), il remarque que les actes

1. Par exemple : « si la proposition est vraie, alors l'objectivité présumée dans la proposition a valeur d'effectivité [*Wirklichkeitswert*] » ([263]).

intentionnels impliqués dans l'éthique et ceux qui sont impliqués dans la critique normative ne sont pas identiques, bien que nous utilisions parfois et indistinctement le terme « évaluer » pour les désigner. L'apparition de sens et de propositions faisant référence à des valeurs, donc relatifs à l'éthique, serait tributaire d'actes intentionnels affectifs (aimer, haïr, apprécier, etc.), c'est-à-dire d'actes impliquant une appréciation plus ou moins positive, voire négative, d'un objet. L'apparition de prédicats qualifiant normativement les sens et les propositions serait quant à elle tributaire d'actes intentionnels de l'ordre de la vérification et de l'examen du droit de ceux-ci, c'est-à-dire de leur conformité à une norme. La vérité ne « s'apprécie » donc pas comme on apprécie la teneur affective et axiologique d'un objet ; elle consiste à vérifier que le sens est ajusté à l'attestation intuitive.

Husserl conclut donc que vérité et valeur « appartiennent à des catégories différentes » ([317]). Et bien qu'il ne le dise pas alors explicitement, il semble possible de généraliser cette différence et d'ajouter que ce sont les normes et valeurs qui appartiennent à deux catégories distinctes. Les valeurs des objets ont pour particularité d'être dans un rapport de gradation entre elles : elles sont positives ou négatives, et elles le sont plus ou moins. Les normes ne prennent pas place au sein d'une échelle similaire. Elles tirent leur sens de leur application à quelque chose qui leur est assujetti et qui doit leur être ajusté s'il doit être qualifié de « correct ».

Les actes et les objets propres à l'éthique et aux sciences normatives n'étant pas équivalents, nous comprenons également pourquoi l'expression « éthique normative » n'est pas pléonastique. Une éthique peut simplement être objective, auquel cas elle porte sur ce que sont les objets de son domaine, c'est-à-dire notamment les valeurs et les actes affectifs, leurs déterminations, et les relations qui subsistent entre eux. La théorie de la valeur que Husserl présenta lors de ses *Leçons sur l'éthique* de 1914 est un bel exemple d'une telle éthique objective. Mais l'éthique admet aussi une orientation normative, auquel cas il est question de la rectitude intentionnelle de telle ou telle proposition, et ce, en regard de son contenu spécifiquement éthique. Il s'agira alors de vérifier si, en vertu de ce qui s'atteste dans l'intuition, les valeurs, les moyens et les buts présumés sont bel et bien « vrais », donc si les visées ayant un contenu de sens éthique ou pratique sont, d'après ce contenu spécifiquement éthique, « correctes » ou « incorrectes »[1]. Seulement, pour distinguer cette orientation normative de celle qui est propre à la logique, Husserl suggère d'utiliser les prédicats normatifs « authentique » et « inauthentique », de même que « juste » et « injuste », plutôt que les prédicats normatifs « vrai » et « faux ». Husserl ne donne alors aucun exemple de propositions contenues dans de telles sciences éthico-pratiques normatives, mais nous pourrions certainement y trouver des propositions telles que « L'impératif catégorique de

1. Sur la normativité et la raison à l'œuvre au niveau des intentionnalités spécifiquement affectives et pratiques et sur leur lien avec les intentionnalités judicatives : *cf.* D. Pradelle, « Une problématique univocité de la raison », préface de *Leçons pour l'éthique et la théorie de la valeur*, Paris, P.U.F., 2009, p. 47-54 ; D. Pradelle, *Par-delà la révolution copernicienne. Sujet transcendantal et facultés chez Kant et Husserl*, Paris, P.U.F., 2012, p. 228-235 ; E. Mariani, « L'éthique à l'épreuve de la raison. Critique, système et méthode dans les *Vorlesungen über Ethik und Wertlehre (1908-1914)* de E. Husserl » dans *Feeling and Value, Willing and Action. Essays in the Context of a Phenomenological Psychology*, M. Ubiali et M. Wehrle (éd.), Cham, Springer, 2015, p. 18-24.

Kant est un impératif inauthentique », « La loi d'absorption des valeurs est correcte » ou « Il est juste de dire que l'entraide contribue au vivre-ensemble ».

Et il y a bien une dernière preuve que normes et valeurs ne sont pas équivalentes aux yeux de Husserl. Dans un ultime renversement, il affirme en effet que la normativité intentionnelle est elle aussi sujette à des jugements éthiques. Le sens conforme aux normes sera évalué positivement, et négativement celui qui est contraire aux normes, de sorte que la réalisation de visées de sens et de prestations vraies – d'une « humanité vraie » et d'un « monde vrai » – sera un devoir éthico-pratique, conformément à ce qu'il dira, à la même époque, dans les articles aujourd'hui traduits sous le titre *Sur le renouveau*[1]. Du point de vue de la réalisation et de l'idéal pratique, l'éthique serait donc « *la reine des sciences parmi toutes les sciences normatives* » ([319]) puisqu'elle transformerait en devoir pratique la normativité intentionnelle étudiée dans ces sciences.

Malgré toute la richesse de ces développements portant sur la normativité, il y a lieu de se demander si Husserl n'a pas indûment limité ses considérations normatives. Décidé à fonder l'orientation normative des sciences, ce ne sont que les normes applicables à nos connaissances et aux formations scientifiques qui sont étudiées dans la *Digression.* Bien d'autres normes travaillent pourtant la rectitude de nos vécus. Pour ne donner que deux exemples que nous avons brièvement évoqués, l'optimalité et la normalité, bien qu'elles soient en elles-mêmes distinctes

1. E. Husserl, *Aufsätze und Vorträge (1922-1937)*, hrsg. von T. Nenon et H. R. Sepp, Dordrecht-Boston-London, Kluwer Academic Publishers, 1988, Hua XXVII, 3-124 ; trad. fr. par L. Joumier, *Sur le Renouveau. Cinq articles*, Paris, Vrin, 2005.

de ce que Husserl entendait par « normativité », peuvent prendre place au sein d'une relation normative, être transformées en normes et ainsi servir à déterminer la rectitude de ce à quoi elles sont appliquées [1]. Il est certain que si c'est l'orientation normative des sciences et la normativité intentionnelle qui constituent le point de départ de l'analyse, alors ces autres normes seront passées sous silence au bénéfice de celles appartenant au registre de la vérité. Une autre voie, plus directe, aurait consisté à prendre la normativité elle-même comme objet de l'investigation phénoménologique, comme c'eût été le cas si Husserl avait pris pour point de départ la diversité des vécus dans lesquels nous reconnaissons des idées normatives. Bien qu'il faille en ce sens saluer l'extension des considérations normatives de Husserl dans la *Digression* que nous avons ici traduite, force est de constater que dans ce texte, une véritable phénoménologie des normes et des vécus qui leur sont associés fait encore défaut.

II. La méthode de la déconstruction (§ 8 à 12)

En consacrant sa deuxième partie à la question de la distinction entre les sciences de la nature et ce qu'on nommait alors les sciences de l'esprit (*Geisteswissenschaften*), la *Digression* de 1920 s'inscrit parmi les nombreux textes – ouvrages publiés, cours ou manuscrits de recherche – qui, d'un bout à l'autre de la production philosophique de Husserl, abordent ce thème, lequel fournit en retour un véritable fil conducteur à travers l'œuvre du père de la

1. À l'inverse, sur le processus de normalisation des normes : *cf.* B. Waldenfels, « Normalité et normativité. Entre phénoménologie et structuralisme », *Revue de métaphysique et de morale*, 45/1, 2005, p. 57-67.

phénoménologie [1]. Fidèle à sa thèse selon laquelle ce sont les structures de la donation des objets dans l'expérience qui déterminent et justifient la variété des sciences qui en élaborent la connaissance théorique, Husserl met en œuvre dans ces pages la démarche fondationnelle qu'il a inaugurée dès la fin des années 1910 et dont le premier moment consiste en une analyse structurale corrélative du monde de l'expérience (*Erfahrungswelt*) et de l'expérience du monde (*Welterfahrung*) [2]. Dans quelle mesure notre monde

1. Pour une reconstruction complète du développement de cette thématique dans la pensée de Husserl, *cf.* M. Weiler, « Einleitung des Herausgebers », dans E. Husserl, *Natur und Geist. Vorlesungen Sommersemester 1927*, hrsg. von M. Weiler, Hua XXXII, Dordrecht-Boston-London, Kluwer Academic Publishers, 2001, p. XII et XVIII-XXXIX. *Cf.* également U. Melle, « Nature and Spirit », dans *Issues in Husserl's* Ideas II, T. Nenon, L. Embree (éd.), Dordrecht-Boston-London, Kluwer Academic Publishers, « Contributions to Phenomenology », 24, 1996, p. 15-35 ; E. W. Orth, « "Natur und Geist" in der husserlschen Philosophie », dans *Phänomenologische Forschungen*, 2003, p. 23-37 ; L. Perreau, « Phénoménologie et "sciences de l'esprit" : la distinction *Natur-Geist* dans la phénoménologie husserlienne », dans *Alter. Revue de phénoménologie* 11, 2003, p. 355-394.

2. *Cf.* E. Husserl *Natur und Geist. Vorlesungen Sommersemester 1919*, hrsg. von M. Weiler, Dordrecht-Boston-London, Kluwer Academic Publishers, 2002, Husserliana Materialien IV, 118-149 ; *Phänomenologische Psychologie. Vorlesungen Sommersemester 1925*, hrsg. von W. Biemel, Den Haag, Martinus Nijhoff, 1962, § 6-8 et § 10-11, Hua IX, 55 *sq.*, 87 *sq.* ; trad. fr. par Ph. Cabestan, N. Depraz et A. Mazzù, *Psychologie phénoménologique (1925-1928)*, Paris, Vrin, 2001, p. 56 *sq.*, 85 *sq.* ; *Natur und Geist. Vorlesungen Sommersemester 1927*, § 3 et 19, Hua XXXII, 14 *sq.*, 121-123 ; trad. fr. par J. Farges, *Nature et esprit. Leçons du semestre d'été 1927*, Paris, Vrin, 2017, p. 41 *sq.*, 146-147 ; *Die Krisis der europäischen Wissenschaften und die transzendentale Phänomenologie. Eine Einleitung in die phänomenologische Philosophie*, hrsg. von W. Biemel, Den Haag, Martinus Nijhoff, 1954, § 66-67, Hua VI, 229 *sq.* ; trad. fr. par G. Granel, *La crise des sciences européennes et la phénoménologie transcendantale*, Paris, Gallimard, 1976, p. 254 *sq.*

ambiant et ses objets, tels qu'ils nous sont donnés intuitivement dans l'expérience, appellent-ils pour ainsi dire une distinction entre la nature et l'esprit, et par conséquent entre des sciences de la nature et des sciences de l'esprit ? Où et comment le naturel et le spirituel sont-ils originairement donnés dans l'expérience ? Telles sont alors les questions directrices.

Si la *Digression* se distingue néanmoins de tous les autres exposés husserliens relatifs à cette thématique et procédant selon la même démarche, c'est parce que le traitement qu'elle en propose est marqué par une double originalité. D'une part, la question de la distinction entre sciences de la nature et sciences de l'esprit s'y trouve commandée par la question plus générale de la normativité qui, comme le confirme le § 13, traverse ainsi toute la *Digression* en lui donnant son unité thématique. En d'autres termes, il ne s'agit pas pour Husserl d'interroger la signification de cette distinction pour elle-même mais dans la perspective de la distinction qu'il a élaborée précédemment entre sciences objectives et sciences normatives. D'autre part et surtout, les § 8 à 12 forment le cadre de ce qui, sous la plume de Husserl, constitue à notre connaissance la première (et quasiment la seule [1]) exposition circonstanciée de *la méthode de la déconstruction* (*Abbau*), cette méthode qui sera par la suite simplement invoquée ou évoquée par

1. Nous ne connaissons qu'une autre présentation en bonne et due forme de cette méthode : elle se trouve au sein d'un manuscrit de recherche datant de 1926 et récemment édité (*cf.* E. Husserl, *Die Lebenswelt*, Hua XXXIX, 259-272 (texte n° 26)). Dans son ensemble, cette présentation n'ajoute rien de nouveau à l'exposé de 1920 dont elle reprend largement les termes – à l'exception notable du concept d'« expérience pure », qui s'y trouve au contraire dépouillé de la signification structurante qu'il reçoit en 1920 et qui, comme nous le montrerons plus loin, fait tout l'intérêt de la *Digression*.

Husserl dans de nombreux textes jusqu'à la fin de sa production philosophique et qui, de réappropriation en redéfinition, accompagnera la philosophie phénoménologique depuis la première génération des étudiants de Husserl (Heidegger) jusque dans ses configurations les plus contemporaines (Derrida et ses disciples). Nous laisserons au lecteur le soin d'identifier les rapprochements ou les ruptures qui sont en jeu dans cette histoire et nous nous contenterons ici de souligner quelques-uns des aspects déterminants de cette méthode déconstructive tels qu'ils se présentent dans cet exposé husserlien inaugural.

Déconstruction et phénoménologie génétique

En premier lieu, le fait que *la déconstruction est inséparable de la dimension génétique de la phénoménologie*, c'est-à-dire de cette orientation de la problématique constitutive conformément à laquelle, à partir de 1917 environ, Husserl ne se contente plus d'élaborer une typologie des actes correspondant à une typologie statique des objets, mais se propose de mettre en évidence les connexions temporelles de motivation entre les actes qui président à la constitution de toute objectité, dévoilant ainsi l'« histoire » des objets dans la conscience et, de façon corrélative, l'auto-constitution « historique » de la subjectivité constituante elle-même. Or, comme on le sait, c'est essentiellement le pouvoir constituant de la passivité qui se trouve élucidé dans ce cadre, selon son double sens : il y a tout d'abord, en amont de l'activité égoïque, une « passivité primaire » qui désigne « toutes les formations de sens qui apparaissent comme prédonnées à la conscience sans avoir été l'œuvre préalable du *cogito* actif » [1], c'est-

1. B. Bégout, *La généalogie de la logique. Husserl, l'antéprédicatif et le catégorial*, Paris, Vrin, 2000, p. 34.

à-dire au premier chef les *data* qui composent originairement la sensibilité (impressions, sentiments instincts, pulsions). Et en aval de l'activité, on peut identifier une « passivité secondaire », correspondant au phénomène de modification continue que Husserl nomme *la sédimentation*, en vertu duquel les acquis des visées actives de la conscience ne disparaissent pas quand ces visées cessent d'être actuelles mais persistent à l'arrière-plan de la conscience sur un mode rétentionnel, comme des dépôts d'activités antérieures prêts à être réactivés [1]. Si le premier sens de la passivité commande une problématique de la *prédonation* ou de la conscience prédonatrice qui coïncide avec la thématique de l'affection, le deuxième sens implique quant à lui l'idée d'une *constitution stratifiée* ou encore d'une complexité constitutive des objets, éventuellement masquée par la simplicité de l'acte au sein duquel ils sont appréhendés.

Ajoutons que ces deux sens de la passivité sont loin d'être sans rapport l'un avec l'autre : au contraire, si toute détermination d'un objet dans l'expérience devient, par sédimentation, un « résultat permanent » (106) à même l'objet, c'est qu'elle est appelée à devenir, dans la poursuite de l'expérience, le point de départ prédonné de nouvelles déterminations. C'est dès lors au concept d'*aperception* qu'il revient de nouer l'un à l'autre ces deux sens de la passivité : en vertu de la sédimentation des couches successives de détermination de l'objet, toute perception est en même temps aperception, à même l'objet, d'une teneur de détermination déjà constituée, appréhension d'un sens aperceptif passivement pré-constitué dont il faut souligner qu'il peut devenir à son tour motivant pour le sujet et jouer le rôle d'une passivité primaire le poussant

1. *Cf.* E. Husserl, *Erfahrung und Urteil* ; trad. cit., p. 126.

à viser (percevoir, juger, agir) en fonction des acquis des activités précédentes. C'est ce caractère motivant et comme pré-déterminant des acquis sédimentaires que désigne du côté du sujet la notion d'habitus (ou, dans une perspective intersubjective, la notion de tradition)[1], à laquelle correspondent, du côté des objets, les notions de type, de typicité : habituation (ou traditionnalisation) et typification sont donc des produits corrélatifs de la passivité secondaire « agissant » au titre d'une passivité primaire[2].

La prise en compte de cette dynamique aperceptive de l'expérience, c'est-à-dire aussi bien de cette structure stratifiée de nos actes et, corrélativement, des objets donnés dans l'expérience et finalement du monde de l'expérience lui-même ouvre, pour la phénoménologie génétique, deux directions descriptives possibles. À partir de n'importe quel vécu subjectif, le phénoménologue peut suivre tout d'abord *en aval* la poursuite de la détermination de son objet intentionnel, qu'il s'agisse du passage de l'affection à la saisie objectivante, de la façon dont une chose perçue pour la première fois se détermine affectivement, axiologiquement, ou encore de la façon dont une chose ou

1. Cf. *infra*, p. 106, 112, 174, 175. Soulignons à cet égard l'intérêt de l'Appendice XXI, dans lequel Husserl ressaisit expressément l'habitude et la tradition comme procédant d'une unique « loi de conventionnalisation » régissant la dynamique génétique de l'expérience. La convention traditionnelle apparaît ainsi comme une habitude communautaire, et l'habitude comme une convention individuelle. En outre, l'identification sans reste du conventionnel et de l'arbitraire est ainsi rendue impossible : si les conventions (habitudes ou traditions) sont assurément fortuites et arbitraires, il faut pourtant reconnaître au devenir-conventionnel de ce qui fut institution originaire le statut d'une nécessité eidétique.

2. Sur cette thématique, *cf.* V. Kokoszka, *Le devenir commun. Corrélation, habitualité et typique chez Husserl*, Hildesheim, Zürich, New York, Georg Olms Verlag, 2004.

un processus de l'expérience courante se trouve déterminé théoriquement, par exemple dans la physique [1].

Mais le phénoménologue peut aussi régresser *en amont* de l'activité vers la passivité qu'elle présuppose : il s'agit alors de remonter à contre-courant le procès de sédimentation des couches de sens pour mettre au jour les opérations prédonatrices originaires ainsi que leurs objets corrélatifs et rendre ainsi explicite toute la teneur aperceptive de sens co-donnée passivement dans la donation du monde et de chacun de ses objets. Telle est la méthode que Husserl nomme « déconstruction », qui correspond donc à une procédure de « clarification du sens » (113) qu'on peut aussi décrire comme une « désédimentation » [2]. À en rester aux termes qui sont ceux de Husserl dans les pages de cette *Digression*, il s'agit de « dépouiller » (*entkleiden*) [3] les objets du monde et le monde lui-même des couches de significations avec lesquelles ils nous sont toujours

1. C'est le mouvement qui est suivi par Husserl dans les leçons sur la synthèse active, qu'il donne quelques mois après la rédaction de la *Digression* (E. Husserl, *Aktive Synthesen : aus der Vorlesung "Transzendentale Logik" 1920/21. Ergänzungsband zu "Analysen zur passiven Synthesis"*, hrsg. von R. Breeur, Hua XXXI, Dordrecht, Springer, 2000), dont le contenu fut largement utilisé par Landgrebe pour la composition d'*Expérience et Jugement*.

2. J.-Fr. Courtine, « Réduction, construction, destruction. D'un dialogue à trois : Natorp, Husserl Heidegger », repris dans *Archéo-Logique. Husserl, Heidegger, Patočka*, Paris, P.U.F., 2013, p. 35. La même expression est utilisée par D. Pradelle pour caractériser cette méthode déconstructive lorsque, dans les années 30 et dans le cadre de *L'Origine de la géométrie*, elle prend pour Husserl la forme de la question-en-retour historique (*Généalogie de la raison. Essai sur l'historicité du sujet transcendantal de Kant à Heidegger*, Paris, P.U.F., 2013, p. 309).

3. Cf. *infra*, p. 114, 188, 190. Husserl use également une fois du néologisme *entschichten* (p. 133).

prédonnés, ou encore de les « défaire » (*abtun*)[1], c'est-à-dire de défaire ce qui se donne dans l'expérience comme du « tout fait » afin de comprendre comment cela (s') est fait. Autant de formules qui confirment que ce geste méthodique est la contrepartie de la mise en évidence de la structure stratifiée de la réalité, ou encore que la déconstruction (*Abbau*) du monde et de ses objets est inséparable de leur édification (*Aufbau*) intentionnelle[2], qu'elle suppose et rend manifeste tout à la fois selon une inévitable circularité.

C'est ainsi que les § 8 et 9 de la *Digression* introduisent la déconstruction par la mise en évidence du fait que rien de ce qui m'est donné dans l'expérience courante n'est dépourvu de signification, au sens où les objets sont toujours donnés comme déjà pourvus d'un caractère de signification (112), provenant d'une constitution préalable et exprimé par un prédicat de signification. Du point de vue constitutif, c'est l'indice d'une complexité interne, d'une stratification mettant en jeu des couches de sens (108, 113) renvoyant à autant d'actes préalables de détermination prédicative des objets. Tandis que le § 8 prend en considération la détermination théorique qui fait du monde prédonné de l'expérience un « monde du savoir » (le monde et ses objets nous sont toujours déjà donnés comme connus ou inconnus, mais alors connaissables ou à connaître), le § 9 rend compte pour sa part des déterminations affectives, axiologiques et pratiques avec lesquelles ce même monde de l'expérience nous est prédonné et qui en complètent le sens aperceptif.

Dans ces conditions, la déconstruction est présentée comme une méthode de mise au jour systématique du

1. *Ibid.*, p. 107, 108, 118, 165.

2. Cf. *ibid.*, p. 111, 117, 191. Nous reviendrons plus loin sur l'articulation de ces deux moments.

niveau originaire d'expérience où se joue et sur lequel s'effectue cette prédication (cette détermination rationnelle) multiforme et présupposée par elle, méthode régressive justifiée précisément par la nécessité phénoménologique d'achever la régression dans les couches prédicatives de l'expérience [1]. Par sa façon de procéder, elle tient de l'abstraction, même si elle ne saurait être confondue pour autant avec l'abstraction conceptuelle [2] : tandis que cette dernière produit de la généralité, la déconstruction met en évidence un originaire structurant quoique jamais donné intuitivement comme tel dans l'expérience, ne pouvant fonctionner que comme substrat ou noyau en son sein. Plus précisément, son résultat est un monde d'objets nécessairement in-signifiants, par opposition à tous les types de prédications recensés précédemment : un monde qui n'est donc pas seulement préthéorique (dépourvu de toute composante de savoir ou renvoyant à une activité de détermination théorique des objets), mais réellement antéprédicatif, c'est-à-dire dépourvu en outre de toute teneur axiologique et pratique.

Déconstruction et monde de l'expérience pure

Or, ce monde de pures choses qui forme la structure nucléaire de notre expérience, Husserl le nomme dans ces pages un « monde de l'expérience pure », reprenant tout à fait consciemment une expression forgée par le philosophe empiriste et positiviste Richard Avenarius, proche d'Ernst Mach et qui avait rédigé en 1888-1890 une volumineuse

1. Cf. *ibid.*, p. 109 : « Une détermination prédicative ne peut pas renvoyer *in infinitum* à ce qui est prédicativement déterminé. Une donation originaire dépourvue de teneur de sens logico-aperceptive doit pouvoir être possible ».

2. *Ibid.*

Critique de l'expérience pure[1] dont Husserl connaissait la teneur. Derrière ce titre, Avenarius cherchait à restituer ce qu'il nommait aussi le « concept naturel de monde », c'est-à-dire ce qui nous est effectivement donné en fait de monde indépendamment de toute élaboration conceptuelle ou théorique, dans le but de récuser le caractère originaire de la plupart des dualismes qui hantent l'histoire de la philosophie (extériorité/intériorité, physique/psychique, réalité/apparence, substance/accident, etc.). Dès le début des années 10, Husserl avait mis en évidence les affinités que sa phénoménologie entretenait avec un tel programme critique, réalisé descriptivement au sein d'une « philosophie immanente », tout en marquant les limites d'une approche positiviste et non intentionnelle de l'immanence[2]. Le grand intérêt de la deuxième partie de la *Digression* de 1920 est donc de prolonger cet effort de réappropriation phénoménologique de l'empiriocriticisme en nouant l'un

1. R. Avenarius, *Kritik der reinen Erfahrung*, 2 Bände, Leipzig, Reisland, 1888-90 [1], 1907 [2]. Cette notion est également au cœur de l'« empirisme radical » que W. James a exposé dans une série d'articles entre 1904 et 1906 (cf. *Essais d'empirisme radical*, trad. fr. par G. Garreta et M. Girel, Marseille, Agone, 2005). Si l'on sait que Husserl a lu avec attention les *Principles of Psychology* (1890) et que certains aspects de sa phénoménologie leur sont redevables, tout laisse à croire qu'il n'avait en revanche aucune connaissance de la conception jamesienne de l'expérience pure.

2. En particulier dans le cours du semestre d'hiver 1910-1911 intitulé *Grundprobleme der Phänomenologie*, dans E. Husserl, *Zur Phänomenologie der Intersubjektivität – 1*, Hua XIII, 111-235 ; trad. fr. par J. English, *Problèmes fondamentaux de la phénoménologie*, Paris, P.U.F., 1991. Voir en particulier les § 8 et 10 ainsi que l'important Appendice XXII, datant probablement de 1915. *Cf.* également L. Joumier, « Le concept naturel de monde d'Avenarius et son appropriation husserlienne », dans *Monde, structures et objets de pensée. Recherches de phénoménologie en hommage à Jacques English*, J.-Fr. Lavigne et D. Pradelle (éd.), Paris, Hermann, 2016, p. 247-281.

à l'autre le concept d'expérience pure et la méthode de déconstruction – au risque d'un certain nombre de distorsions et de difficultés.

En effet, dans la mesure où il est le résultat d'une procédure méthodique abstractive, le monde de l'expérience pure husserlien est lui-même marqué par l'abstraction : bien que descriptible, il est expressément reconnu par Husserl comme « impensable » (115) au sens où il n'est pas pensable qu'un tel monde soit celui dont nous faisons intuitivement l'expérience dans la vie courante. Tout se passe donc comme si, en liant l'originaire et l'abstrait, la déconstruction avait pour effet de décorréler l'idée d'une critique de l'expérience pure et le projet d'une restitution du concept naturel de monde. En termes husserliens : on assiste en 1920 à la mise en opposition, de part et d'autre de la déconstruction dont ils représentent respectivement le résultat et le préalable, du monde de l'expérience pure et de ce que Husserl commence à nommer ici même et de plus en plus fréquemment dans ses manuscrits le « monde de la vie » (133). Ce dernier reçoit même certaines de ses déterminations essentielles par contraste explicite avec ce noyau d'expérience pure dégagé par déconstruction : c'est ainsi que Husserl propose de caractériser l'expérience corrélative de l'attitude naturelle – celle dans laquelle nous est précisément donné le monde de la vie comme monde non déconstruit – comme une « expérience impure » (165). Or, cette impureté renvoyant manifestement à la richesse aperceptive en significations théoriques, axiologiques et pratiques, elle coïncide en réalité avec cette plénitude qui, jointe à l'immédiateté de la donation, devient par voie de corrélation le caractère descriptivement distinctif du monde de la vie lui-même[1].

Cette opposition est d'autant plus remarquable que dans plusieurs textes plus tardifs et mieux connus, Husserl identifie au contraire monde de la vie et monde de l'expérience pure[2]. Notre texte oblige donc le commentateur à considérer qu'il y a eu sur cette question *une évolution en forme de revirement* dans la pensée du père de la phénoménologie. Et dans la mesure où la détermination du monde de la vie comme monde intuitif et concret de l'expérience « pleine » est manifestement une constante, il nous semble inévitable de considérer que c'est la signification de la pureté de l'expérience pure qui a varié : tandis que les textes husserliens tardifs l'entendent comme synonyme de l'immédiateté ou de la plénitude intuitives, l'exposé de la *Digression* semble bien ne l'entendre qu'au sens d'une purification par abstraction, ce sens qui finira

1. Si Husserl peut en effet parler de « la plénitude du monde ambiant dans lequel nous vivons, nous nous mouvons et nous sommes », c'est qu'il s'agit d'« un monde qui n'est justement pas pris dans l'attitude artificielle de l'expérience pure, qui n'est pas le distillat d'une déconstruction artificielle mais qui est pris dans l'expérience pleine conformément à laquelle il est immédiatement là pour nous comme un monde pourvu de façon si diverse de sciences, de couches de signification spirituelle » (*infra*, resp. p. 133 et p. 192 *sq.*).

2. Si le cours de *Psychologie phénoménologique* identifie indirectement les deux (*cf.* § 6, Hua IX, 56, l. 38 (trad. cit., p. 57) ; § 11, Hua IX, 95, l. 29 et 30 (trad. cit., p. 92) ; § 12, Hua IX, 98, l. 25, 28 et 99, l. 11 (trad. cit., p. 95) ; § 14, Hua IX, 103, l. 11 et 104, l. 13 (trad. cit., p. 99 et 100)), le cours *Nature et esprit* de 1927 les associe expressément (Hua XXXII, 241 ; trad. cit., p. 243). Enfin, trois occurrences dans la *Krisis* confirment la parfaite coïncidence des deux concepts : § 62 (Hua VI, 219 ; trad. cit., p. 244), § 66 (Hua VI, 231 ; trad. cit., p. 257), Annexe II (Hua VI, 303 ; trad. cit., p., 334).

par déterminer pour Husserl le concept de primordialité et l'idée d'une réduction primordiale [1].

Si on laisse de côté la question des raisons d'une telle évolution et qu'on se demande ce qui, au début des années 20, pousse Husserl à privilégier ce sens finalement diminutif ou privatif de la pureté, on est alors reconduit à la déconstruction et à sa signification méthodique globale, c'est-à-dire à cette liaison indéfectible entre *Abbau* et *Aufbau* que nous avons déjà évoquée. En effet, à l'encontre d'une tendance à la survalorisation phénoménologique de l'originaire, il faut souligner que *la déconstruction n'a jamais représenté pour Husserl une fin en soi*, mais qu'elle n'est que le premier temps d'une méthode qui n'a d'autre but que de rendre raison de la teneur concrète du monde dont nous faisons l'expérience, dans toute sa complexité. C'est ce que confirment de la façon la plus claire ces lignes issues d'un texte de 1926 dans lequel Husserl revient sur la signification de la déconstruction :

> Pour obtenir *l'*a priori *complet du monde ambiant susceptible d'être donné dans l'expérience* et pris dans sa pleine concrétion, il nous faut consciemment mettre en œuvre un *procédé abstractif* qui révèle systématiquement les *couches structurelles*, les saisit abstractivement pour soi mais qui, ce faisant, s'assure constamment des abstractions corrélatives afin de pouvoir édifier par là, pour ainsi dire, l'abstraction d'ensemble de la concrétion [2].

1. *Cf.* E. Husserl, *Cartesianische Meditationen und Pariser Vorträge*, hrsg. von S. Strasser, Den Haag, Martinus Nijhoff, 1950, § 44, Hua I, 124 *sq.* ; trad. fr. par M. De Launay, *Méditations cartésiennes et Les Conférences de Paris*, Paris, P.U.F., 1994, p. 141 *sq.*

2. E. Husserl, *Die Lebenswelt*, Hua XXXIX, 264-265 (nous traduisons).

La déconstruction n'a donc de sens que d'être l'instrument et de fournir les matériaux de ce qu'on pourra nommer *une reconstruction philosophique du monde*[1]. Et comme Husserl l'indique lui-même dans les marges de la *Digression*, cette reconstruction pourra à son tour prendre deux formes[2] selon qu'elle visera la restitution de la concrétion qui est *de facto* celle de notre monde de l'expérience ou bien la construction d'un monde ambiant dont les couches de sens (et notamment les sciences qui en font partie) seraient de part en part conformes aux normes qui s'appliquent à nos visées de sens (un monde ambiant dont tous les prédicats théoriques, axiologiques et pratiques seraient corrects, c'est-à-dire respectivement vrais, authentiques, véritablement utiles, etc.). On voit ainsi que la méthode de déconstruction sert l'idée de normativité telle que Husserl l'a élaborée dans la première partie de la *Digression*, et sur laquelle il revient dans le § 13 en explicitant cette possibilité d'édifier un nouveau

1. Pour le lien explicite entre *Abbau* (*Abstraktion*) et *Rekonstruktion*, cf. *ibid.*, 432 ; E. Husserl, *Späte Texte über Zeitkonstitution (1929-1943). Die C-Manuskripte*, hrsg. von D. Lohmar, Dordrecht, Springer, 2006, Husserliana Materialien VIII, 356 (où l'archéologie phénoménologique est définie par un zigzag entre déconstruction et reconstruction) et 437. C'est un point qui avait été signalé à juste titre par B. Bégout, *La généalogie de la logique…*, *op. cit.*, p. 279 : « L'*Abbau* […] n'est qu'une première étape dans la phénoménologie transcendantale qui doit également rendre compte de la *reconstruction* constitutive des significations logiques à partir de ce fonds primitif ». *Cf.* aussi p. 247.

2. *Cf.* E. Husserl, *infra*, p. 191 : « si, après notre déconstruction, nous nous attaquons de nouveau à une édification, nous pouvons soit prendre de nouveau en charge les couches scientifiques que nous avons déconstruites (c'est-à-dire celles de notre monde ambiant de fait, tel qu'il a précisément fait l'épreuve d'une donation de sens) ; soit […] produire, en lieu et place de ce monde ambiant de fait, un monde ambiant conforme aux normes ».

monde ambiant vrai, corrélatif d'une humanité vraie (149). Surtout, cette précision tend à conforter l'hypothèse selon laquelle la version husserlienne de la déconstruction phénoménologique pourrait être redevable à la méthode de *Rekonstruktion* élaborée par Natorp [1], tout en montrant simultanément que sa portée ne se limite pas, pour Husserl, au champ de la théorie de la connaissance mais qu'elle est appelée à jouer en outre un rôle déterminant dans celui de la théorie de la science, et plus précisément dans la perspective d'une fondation phénoménologique des sciences positives. Ce point va nous permettre de préciser davantage le concept husserlien d'expérience pure.

Lorsque, dans le § 9, il en vient à considérer pour elles-mêmes les pures choses in-signifiantes qui résultent

1. *Cf.* M. Ferrari, *Retours à Kant. Introduction au néo-kantisme*, trad. fr. par Th. Loisel, Paris, Seuil, 1997, p. 115-117. Pour l'exposition de cette méthode, *cf.* P. Natorp, « Fondation objective et fondation subjective de la connaissance » [1887], trad. fr. par I. Thomas-Fogiel dans Cohen, Natorp, Cassirer, Rickert, Windelband, Lask, Cohn, *Néokantismes et théorie de la connaissance*, Paris, Vrin, 2000, p. 136-138 ; *Psychologie générale selon la méthode critique* [1912], chap. VIII, trad. fr. par É. Dufour et J. Servois, Paris, Vrin, 2008, p. 219 *sq.* Cette méthode est conçue dans une perspective critique, interne à l'école de Marbourg, à l'encontre de la logique de l'origine de Cohen mais aussi, plus largement, à l'encontre de toute absolutisation du « donné », qu'elle soit positiviste ou phénoménologique. *Cf.* É. Dufour, *Paul Natorp. De la* Psychologie générale *à la* Systématique philosophique, Paris, Vrin, 2010, p. 109 *sq.* ; J.-Fr. Courtine, *Archéo-Logique*, *op. cit.*, p. 17-33. Rappelons enfin qu'après quelques lectures rapides et partielles en septembre 1913 et en janvier 1915, ce n'est qu'en septembre 1918 que Husserl prend le temps d'une lecture « systématique » de la *Psychologie générale* où cette méthode de *Rekonstruktion* est présentée et justifiée de façon détaillée – soit deux ans avant la *Digression* et au moment où se précise pour lui l'idée d'une phénoménologie génétique (*cf.* K. Schuhmann, *Husserl-Chronik. Denk- und Lebensweg Edmund Husserls*, Den Haag, Martinus Nijhoff, Husserliana Dokumente I, 183, 192 et 229).

de la mise en œuvre de l'abstraction déconstructrice (116), Husserl les caractérise d'emblée comme de « simples objets naturels », si bien que le monde formé par l'ensemble ouvert de telles choses est assimilé, pour sa part, à la « pure nature totale » (*Allnatur*). Deux justifications sont fournies à l'appui de cette identification. D'une part, il est clair qu'à l'issue de la déconstruction des prédicats théoriques, axiologiques et pratiques dont sont revêtus ces objets dans notre expérience courante, les premières déterminations que les objets déconstruits, et donc indéterminés, sont susceptibles de recevoir sont de type physique : il s'agit essentiellement de leurs propriétés spatiales d'extension et de leurs propriétés causales d'altération ou d'interaction. Par là, Husserl ne fait que donner une nouvelle formulation à la thèse fréquemment exposée selon laquelle bien qu'elle ne soit jamais donnée telle quelle dans l'expérience, la nature n'en forme pas moins l'infrastructure fondatrice du monde réal, c'est-à-dire la couche inférieure présupposée par toute autre détermination (notamment psychique ou culturelle) de la réalité et de ses objets. Dans ces conditions, l'expérience pure coïncide avec l'idée d'une expérience « purement physique », donatrice de choses naturelles, c'est-à-dire matérielles et substantielles quoiqu'insignifiantes.

Mais, d'autre part, une seconde justification de cette identification entre monde d'expérience pure et nature est avancée par Husserl lorsqu'il fait remarquer que le monde déconstruit est précisément celui que la science physique s'est donné à elle-même comme son domaine propre, avec la tâche de le déterminer théoriquement (118). Cette remarque implique tout d'abord que *la déconstruction n'est pas une démarche intrinsèquement philosophique* : elle reçoit un caractère philosophique à partir du moment où elle est consciemment mise en œuvre comme un procédé méthodique [1]. Mais cette remarque implique surtout, par là même, qu'en systématisant le geste déconstructif spontané et naïf par lequel la physique s'est historiquement constituée comme une science, la phénoménologie peut se donner les moyens d'interroger la spécificité de ses objets, la légitimité de ses méthodes et la portée de ses résultats – bref, de fonder cette science de la nature. Si la déconstruction peut servir le programme d'une fondation phénoménologique des sciences, ce n'est donc pas parce qu'elle contribuerait à la clarification de l'idée de région et, consécutivement, à la délimitation ontologico-régionale de domaines théoriques légitimes [2], mais plutôt parce qu'elle permet, sous le titre d'une expérience pure, de *délimiter l'attitude spécifique au sein de laquelle est appréhendé l'objet d'une connaissance théorique possible* – exemplairement ici : la nature. En d'autres termes, la mise en œuvre de la méthode déconstructive prolonge la démarche d'*Ideen II*, qui cherchait à analyser chaque région de la réalité à partir du type d'expérience au sein de laquelle est originairement appréhendé l'objet fondamental qui la structure (la nature, l'âme, l'esprit) [3]. Mais si c'est bien le cas, cela implique

1. Cette insistance sur la dimension consciente et volontaire du procédé est explicite dans le texte que nous citions plus haut (cf. *supra*, p. 46 et note 2).

2. Une telle démarche est mise en œuvre par exemple dans le § 10 de la deuxième partie du cours du semestre d'hiver 1908-1909 portant sur les problèmes fondamentaux de l'éthique (dans E. Husserl, *Vorlesungen über Ethik und Wertlehre*, Hua XXVIII, 302 *sq.* ; trad. cit., p. 389 *sq.*), mais aussi dans les § 5, 10 et 11 du cours du semestre d'été 1927 sur *Nature et esprit* (Hua XXXII, 25 *sq.*, 55 *sq.* ; trad. cit., p. 53 *sq.*, 82 *sq.*).

3. *Cf.* E. Husserl, *Ideen zu einer reinen Phänomenologie und phänomenologischen Philosophie, Zweites Buch : Phänomenologische Untersuchungen zur Konstitution*, hrsg. von M. Biemel, Den Haag, Martinus Nijhoff, 1952, Hua IV, 21 ; trad. fr. par É. Escoubas, *Idées directrices, Livre second : Recherches phénoménologiques pour la*

que loin de consacrer un unique niveau originaire de rapport aux objets, la déconstruction est mise au service d'une démarche fondationnelle qui renvoie les sciences positives à *une pluralité de types fondamentaux d'expériences pures* où se déterminent leurs domaines respectifs.

Déconstruction et fondation phénoménologique des sciences

Plusieurs aspects peuvent alors être relevés, qui sont autant d'apports originaux de la *Digression* à la question de la distinction entre sciences de la nature et sciences de l'esprit.

Il faut souligner tout d'abord qu'un point capital d'*Ideen II* se trouve amendé, à savoir la détermination inaugurale de « l'attitude thématique de l'expérience de la nature » comme « attitude doxo-théorique », et par conséquent la thèse selon laquelle « la nature est ce qui existe pour le sujet théorique » [1]. L'exposé de 1920 permet de diagnostiquer ici une certaine confusion entre l'expérience au sein de laquelle la nature est donnée et l'attitude dans laquelle cette nature devient l'objet d'un intérêt théorique. De fait, s'il est indéniable que le texte d'*Ideen II* évoque la nature comme « sphère de "pures et simples choses" », et fait état d'« une sorte de "réduction" » par laquelle les « prédicats de valeur [et les] prédicats pratiques » [2] sont

constitution, Paris, P.U.F., 1982, p. 292 : « L'expression "changement d'attitude" ne signifie rien d'autre que le passage thématique d'une direction d'appréhension à une autre, directions auxquelles correspondent des objectités corrélativement différentes. [...] Notre question est donc de savoir s'il y a bien dans le cas présent de telles différences de l'appréhension et, par voie de conséquence, de l'"expérience" ».

1. *Ibid.*, § 2, Hua IV, 2 et 3 ; trad. cit., p. 25.
2. *Ibid.*, § 11, Hua IV, 25 ; trad. cit., p. 51.

écartés, ce n'est justement pas le cas des valeurs théoriques [1]. Par suite, l'attitude obtenue par cette méthode est bel et bien celle de la connaissance de la nature et non de son appréhension pure, et plus précisément celle « de la science moderne de la nature » [2]. Mais Husserl semble confondre les deux lorsqu'il affirme que « nous gagnons une telle idée, close *a priori*, de la nature en tant qu'idée d'un monde de pures et simples choses, lorsque nous devenons des sujets purement théoriques [...] » [3]. Au contraire, en motivant l'élargissement de l'abstraction déconstructrice jusqu'aux composantes théoriques qui imprègnent notre monde ambiant, la perspective génétique permet à l'analyse phénoménologique de *dissocier attitude théorique et appréhension pure*, libérant ainsi la consistance ontologique de la nature de son élaboration physico-mathématique tout en conférant à l'attitude théorique une certaine plasticité qui la rend susceptible de porter sur des objets donnés dans des appréhensions – et donc des expériences pures – spécifiquement distinctes.

L'un des apports remarquables de la *Digression* consiste en effet à requalifier comme une expérience pure ce qu'*Ideen II* décrivait simplement comme le mode

1. En effet : « La seule abstraction effectuée dans la connaissance de la nature porte sur toutes les valeurs autres que les *valeurs du savoir* » (*ibid.*, Hua IV, 26 ; trad. cit., p. 52). Et c'est précisément parce que cette abstraction n'est pas effectuée qu'on demeure dans l'attitude de la connaissance de la nature et non de son expérience pure.

2. *Ibid.*, Hua IV, 25 ; trad. cit., p. 50.

3. *Ibid.*, Hua IV, 25 ; trad. cit., p. 51. Cette confusion est également à l'œuvre dans l'idée d'une « expérience théorique » de la nature (*ibid.*, Hua IV, 26 ; trad. cit., p. 52), ou bien lorsque, au § 2, Husserl évoque « l'attitude thématique de l'expérience de la nature et de l'investigation expérimentale propre au savant naturaliste » (*ibid.*, Hua IV, 2 ; trad. cit., p. 25).

d'appréhension spécifique du psychique, l'expérience au sein de laquelle du psychique nous est donné comme tel. Et de même que la prise en compte du psychisme ouvrait l'accès à ce que Husserl nommait alors la « nature animale », de même ici cette expérience fondatrice est-elle nommée « expérience animale » (117 et 121). Si Husserl n'évite pas un certain flottement dans la détermination des rapports de cette expérience avec l'expérience purement physique dont il a été question jusqu'alors (laissant entendre tantôt qu'il s'agit d'un nouveau type d'expérience pure, tantôt d'une nouvelle dimension de l'expérience pure, prise alors dans toute son extension), il est tout à fait clair néanmoins qu'il s'agit pour lui de faire valoir la simplicité du mode d'appréhension d'objets qui sont constitutivement complexes et doivent être décrits comme des « unités duelles » (117, 130 et 136) : s'ils tiennent de la nature physique par la matérialité de leur corps, ce corps est précisément une chair, indissociablement liée à un psychisme qui l'anime et qui ne saurait, lui non plus, être appréhendé indépendamment de cette chair qu'il anime. La mise en évidence de cette expérience animale comme expérience pure permet ainsi de donner un fondement phénoménologique à toutes les sciences qui, de façon directe ou indirecte, ont pour objet l'unité psychophysique, à savoir la zoologie et l'anthropologie, mais aussi et surtout d'affirmer avec force *la pleine légitimité d'un traitement naturaliste du psychique*, ne l'envisageant que dans le cadre de la correspondance réglée qui le rattache aux états physiques de la chair et à leurs variations. L'insistance de Husserl sur ce dernier point se traduit dans sa terminologie : alors qu'à l'époque d'*Ideen II* – probablement par prudence anti-naturaliste – il réservait le concept de causalité à la sphère strictement physique et préférait parler de « conditionnalité psychophysique »[1], il ne voit plus d'inconvénient, dans la *Digression*, à penser cette dépendance mutuelle comme une forme de causalité et à parler par conséquent d'une « causalité psychophysique » à laquelle l'âme serait vouée (130).

Il ne fait aucun doute, pourtant, que la fondation déconstructive des sciences positives est elle aussi animée par une visée anti-naturaliste. En posant la question de la limite de l'extension légitime de cette psychophysique, Husserl laisse entendre que la psychologie naturaliste n'épuise pas son objet, qui appelle un type supplémentaire de thématisation. Si la thèse est ancienne sous la plume de Husserl, la nouveauté vient ici du fait que *cette limite traverse désormais la psychologie elle-même*, à la faveur de la prise de conscience par Husserl du fait que « sous le titre de la psychologie, ce sont des groupes de recherches radicalement distincts qui sont requis » (123)[2]. Ainsi voit-on apparaître dans ces pages de la *Digression* certaines des premières définitions d'*une psychologie phénoménologique*, dont l'idée sera au cœur de nombreux cours des années 20 et dont l'objet coïncide avec tout ce qui, du psychique, n'est pas naturalisable – c'est-à-dire avec l'intériorité (ou l'immanence) intentionnelle : la structure des actes égoïques, leurs enchaînements motivationnels, l'*ego* lui-même comme source des actes, mais aussi la liaison motivationnelle des *ego* entre eux au sein du monde socio-historique de la

1. *Cf.* E. Husserl, *Ideen II*, Hua IV, 64, trad. cit., p. 102 (où Husserl introduit la conditionnalité pour réserver la causalité à la réalité non subjective) ; Hua IV, 138, trad. cit., p. 197 (où, par conséquent, seule est reconnue au psychique une « quasi-causalité »). *Cf.* également Hua IV, 343-344, trad. fr. par R. Brandmeyer, Ph. Cabestan, N. Depraz et A. Montavont dans *Alter. Revue de phénoménologie* 3, 1995, p. 172-173.

2. *Cf.* également *infra*, p. 131 et Appendice XX, *infra*, p. 169 *sq*.

culture. Si *Ideen II*, dans une perspective ontologique, faisait de l'âme et de la chair qu'elle anime le « lieu de basculement »[1] de la nature dans l'esprit, la *Digression*, dans la perspective épistémologique qui est la sienne, voit dans cette psychologie phénoménologique *une science transitionnelle*, celle qui, au sein de la psychologie, assure le passage de la science de la nature aux sciences de l'esprit (133), mais aussi – selon un parallélisme certes problématique – celui de la science positive à la philosophie (171 *sq.*). À ce titre, la psychologie est bien déjà devenue en 1920 pour Husserl ce que la *Krisis* nommera le « champ des décisions » philosophiques[2].

Par comparaison avec ce qui précède, le traitement que reçoivent les sciences de l'esprit dans la *Digression* est moins novateur. Reposant sur la distinction entre causalité naturelle et causalité motivationnelle, sur le lien de cette dernière avec la compréhension, sur le concept de personne et sur l'analyse de l'objectivité *sui generis* des formations spirituelles de la culture, il prolonge bon nombre d'analyses de la troisième section d'*Ideen II* tout en annonçant certains développements qui seront au cœur des manuscrits de 1921 intitulés « esprit commun »[3]. Mais il faut dire aussi qu'une fondation des sciences de l'esprit par déconstruction est loin d'aller de soi s'il est vrai que le monde de l'esprit est « le monde donné concrètement dans l'expérience comme

1. E. Husserl, *Ideen II*, Hua IV, 286 ; trad. cit., p. 385.

2. E. Husserl, *Krisis*, § 58, Hua VI, 207 ; trad. cit., p. 231. *Cf.* aussi E. Husserl, *Die Krisis der europäischen Wissenschaften und die transzendentale Phänomenologie. Ergänzungsband. Texte aus dem Nachlass, 1934-1937*, hrsg. von R. N. Smid, 1993, Hua XXIX, 121.

3. *Cf.* E. Husserl, *Zur Phänomenologie der Intersubjektivität. Texte aus dem Nachlaß, Zweiter Teil : 1921-1928*, hrsg. von I. Kern, Den Haag, Martinus Nijhoff, 1973, Hua XIV, 165-184 et 192-204 ; trad. fr. par N. Depraz dans *Sur l'intersubjectivité*, II, Paris, P.U.F., 2001, p. 264-298.

monde ambiant de l'humanité personnelle » (134), c'est-à-dire le « monde naturel de la vie » (133), ce monde qui est censé représenter le *terminus a quo* de la déconstruction. En d'autres termes : *y a-t-il une expérience pure au fondement des sciences de l'esprit ?* Les quelques éléments de réponse avancés par Husserl trahissent un certain embarras (140) [1] : d'une part, il affirme que les sciences de l'esprit reposent bien sur une expérience pure, tout en reconnaissant d'autre part qu'elle n'est pas du même type que l'expérience pure méthodiquement isolée par la déconstruction, et que cette dernière, la véritable expérience pure, n'entre qu'à titre de présupposé implicite au sein de l'appréhension du spirituel. Mais en quoi peut consister cette expérience qui doit être à la fois pure et saturée de significations ?

Cette difficulté fait partie sans aucun doute des raisons qui conduiront par la suite Husserl à dissocier la méthode déconstructive de la problématique de la fondation des sciences positives et, corrélativement, à associer alors l'idée d'une expérience pure à la plénitude concrète du monde de la vie.

Marie-Hélène Desmeules
Julien Farges

1. Cet embarras rejoue manifestement celui qui provenait, dans *Ideen II*, de l'identification finale de l'attitude personnaliste avec l'attitude naturelle elle-même (*cf.* E. Husserl, Hua IV, 183-184 ; trad. cit., p. 258-259).

NOTE DES TRADUCTEURS

Nous proposons ici la traduction du texte principal de la *Digression* développée par Husserl au sein de ses leçons de 1920 sur l'éthique, assorti des dix textes complémentaires (Appendices) qui s'y rapportent et d'un choix de Variantes, retenues en raison de l'éclairage qu'elles apportent à certains passages du texte principal.

La pagination du volume XXXVII des *Husserliana* est reproduite en marge.

Les notes de bas de page sont de Husserl. Les notes de l'éditeur et des traducteurs sont signalées respectivement par les abréviations NdE et NdT.

Tout ce qui figure entre crochets obliques est ajout de l'éditeur ; les ajouts des traducteurs figurent pour leur part entre crochets droits.

EDMUND HUSSERL

NORMATIVITÉ ET DÉCONSTRUCTION

DIGRESSIONS DANS LES *LEÇONS SUR L'ÉTHIQUE* DE 1920

| DIGRESSION DANS LES *LEÇONS* 259

NATURE ET ESPRIT. SCIENCES D'OBJETS[1] ET SCIENCES NORMATIVES. SCIENCES DE LA NATURE ET SCIENCES DE L'ESPRIT

<§ 1. *La question de la différence entre les concepts relatifs à des objets et les concepts de l'ordre de la raison. L'imbrication de l'*ego*, de l'acte de l'*ego*, du sens et de l'objectité. La différence entre l'objet effectif et l'objet présumé*>

Les objets dont il est question [*Sachen*], disais-je, sont les choses, les arbres, les hommes, les vécus humains, les actes humains comme les représentations, les jugements, les actes volitifs, etc., et également les nombres et les multiplicités. Mais ce n'est pas suffisant. Il nous faut être

1. Nous avons pris le parti de traduire le terme *Sachwissenschaft*, que Husserl rattache à l'« ontologie » et aux « connexions ontiques » ([260]), par l'expression « science d'objets ». Nous ne pouvions pas le traduire par l'expression « science factuelle », puisque certaines *Sachwissenschaften* portent sur des objets idéaux (pensons à la grammaire *apriorique* à laquelle Husserl fait référence dans la *Digression* ([268])). L'expression « science matérielle » s'avérait aussi problématique, tout comme l'expression « science des choses » qui a été privilégiée dans la traduction de l'*Introduction à la logique et à la théorie de la connaissance* – ce qui était alors adéquat puisque Husserl y opposait explicitement les *Sachwissenschaften* aux sciences formelles (E. Husserl, *Einleitung in die Logik und Erkenntnistheorie*.

plus clairs, et dire que tous ces objets [*Gegenstände*] sont *traités* par nous *objectivement* [*sachlich*], ils sont jugés de façon simplement objective [1]. Comment jugeons-nous lorsque nous jugeons ces objets de la façon dont la science de la nature juge les choses physiques (dans ses théories !), dont la psychologie juge l'homme et ses actes, et dont la mathématique juge les nombres et les multiplicités ?

Nous portons alors des jugements sur les objets, que nous considérons suivant ce qu'ils sont en eux-mêmes, sur leur teneur en déterminations essentielles, sur ce qui fait de chaque objet un objet de tel ou tel type, donc sur les déterminations individuelles comme les déterminations spatio-temporelles, sur les caractéristiques génériques et spécifiques, sur les liaisons et les relations en lesquelles

Vorlesungen 1906-1907, hrsg. von U. Melle, Dordrecht-Boston-London, Kluwer Academic Publishers, 1984, Hua XXIV, 103 ; trad. fr. par J. Joumier, *Introduction à la logique et à la théorie de la connaissance (1906-1907)*, Paris, Vrin, 1998, p. 151). Husserl affirme en effet dans la *Digression* que les sciences formelles (comme la logique formelle) peuvent être des *Sachwissenschaften* ; nous ne pouvions donc pas traduire ce terme par « sciences matérielles » ni par « sciences des choses ». Enfin, les expressions « science concrète » ou « science positive » ne convenaient pas non plus, puisqu'il est tout à fait possible pour une *Sachwissenschaft* de porter spécifiquement sur des objets généraux obtenus par abstraction, par exemple sur les couleurs en tant que généralités génériques (cf. *infra*, [265-266]). Les oppositions entre l'idéal et le factuel, entre le formel et le matériel ou le chosal, et entre l'abstrait et le concret ou le positif, ne sont pas ici pertinentes. Par *Sachwissenschaften*, Husserl entend simplement les sciences qui s'opposent aux sciences normatives, c'est-à-dire celles qui se tournent vers les différents objets de leur domaine afin de déterminer ce qu'ils sont et les relations qui subsistent entre eux. Celles, donc, qui ne cherchent pas à déterminer, d'un point de vue normatif et critique, si ses objets sont corrects ou incorrects, s'ils sont conformes ou non à une norme à laquelle ils seraient assujettis. En ce sens, l'expression « science d'objets » semble adéquate – NdT.

1. Faux. Juger ontiquement – juger critiquement ; déterminer – critiquer.

entrent les objets, avec leur propre teneur en déterminations et en vertu de celle-ci. Pour les objets naturels, nous considérons donc les relations spatio-temporelles et causales ; pour les objets mathématiques les liaisons et les relations qui sont fondées dans l'essence propre des nombres ; dans le rapport 2 + 3 intervient ce qu'un 2 est en lui-même et ce qu'un 3 est en lui-même et en tant que tel ; dans la relation de l'égalité mathématique | ou de la 260
congruence géométrique, ce qui détermine la relation, c'est ce que chacun de ces nombres est ou détermine par lui-même. (Ontologie, connexions ontiques)

Dans quelle mesure nous est-il possible de penser, face à cette manière objective de juger et d'observer, fût-elle empirique ou apriorique, une autre manière d'observer qui opère non pas avec des *concepts relatifs à des objets*, mais plutôt avec des *concepts de l'ordre de la raison* ; c'est-à-dire une manière d'observer qui soit normative ? Dans quelle mesure lesdits concepts de la raison ou, comme nous le disions aussi, les concepts normatifs, sont-ils distincts des concepts relatifs aux objets, d'une espèce et d'une origine complètement différentes ? Comment les objets peuvent-ils entrer dans la juridiction de ces concepts étrangers à l'approche objective ? Et comment se fait-il que tout type d'objets puisse finalement être soumis à un jugement normatif ?

Afin de clarifier la situation principielle, commençons par la réflexion suivante : l'*objectité* et la *subjectivité* sont *a priori* en relation réciproque. Tout objet peut *a priori* être en relation avec n'importe quel *sujet égoïque*, qui peut porter un jugement sur lui, y prendre plaisir, se rapporter à lui sous la forme d'un sentir axiologique ou s'y rapporter en tant que sujet ayant une volonté, en le traitant comme une fin ou comme un moyen. Les objets sont en général des objets pour des sujets égoïques (qu'ils soient effectifs ou pensés en tant que possibilités) et pour leurs actes correspondants, que ces sujets soient humains ou qu'ils soient pensés, dans la plus pure des généralités, en tant que sujets égoïques – lesquels ne sont alors déterminés qu'en fonction du sens qui se maintient à l'identique dans l'expression : « un *ego* quelconque en général pense, ressent et veut librement en se rapportant à l'objet ».

Mais la relation d'essence qui subsiste entre les objets en général et les actes de l'*ego* est inextricablement liée à celle qui subsiste entre les *objets* en général et *les propositions en général, les propositions en tant que purs sens*[1]. Chaque acte, qu'il soit effectif ou seulement possible, recèle en lui un sens idéal. En effet, chaque acte est un acte de présumer quelque chose [*Etwas-Vermeinen*] ; lorsqu'il juge, et déjà lorsqu'il perçoit ou se souvient, celui qui connaît présume quelque chose, et ce, que ce quelque chose soit présent ou passé, qu'il soit fait de telle ou telle
261 façon, etc.[2] | De même, tout *acte d'évaluer*, comme nous l'avons déjà soutenu plus tôt, est une présomption, consiste par exemple à considérer quelque chose comme plaisant, charmant, agréable, beau, tout comme tout acte appartenant à la sphère volitive consiste à considérer quelque chose comme conforme à un but, et ainsi de suite. Dans la mesure où l'on vise sur le mode de l'acte de juger, il y a dans l'acte de juger un quelque chose [*ein Was*], le sens *judicatif* présumé, la *proposition judicative*[3]. De même, il y a dans

1. Propositions perceptives, propositions de souvenir, propositions d'attente, propositions conceptuelles (prédicatives), etc.

2. Thème : la connexion d'essence entre l'*ego*, l'acte de l'*ego*, le sens et l'objet (tout simplement), l'état de choses tout simplement.

3. L'acte de juger en général : la position doxique. Aussi par exemple l'acte de percevoir.

l'acte d'évaluer, en tant que sens lui appartenant, la *proposition évaluative*, et il y a dans l'acte de vouloir, en tant que *sens volitif* présumé en lui ou en tant que *visée volitive*, la *proposition volitive*.

Les *propositions* sont elles-mêmes des *objets* et elles peuvent devenir, comme tous les objets des sujets, des objets présumés dans leurs actes ; elles peuvent en tout cas devenir des objets sur lesquels nous portons des jugements et que nous déterminons dans de nouvelles propositions. Mais bien que tout sens, que toute proposition judicative, axiologique ou volitive devienne ainsi un objet, les objets en général et de tels sens en général se maintiennent pourtant dans une *corrélation d'essence*, dans un rapport marqué par une relativité éternelle, se reproduisant de degré en degré. À tout objet appartiennent des sens qui, sous forme de propositions de tel ou tel genre fondamental, se rapportent à lui ; et il y a également des sens qui se rapportent au sens lui-même, et c'est alors des sens d'un niveau supérieur. Mais tout en bas, nous en arrivons évidemment à des *objets qui ne sont pas eux-mêmes du sens*. La proposition « La Terre est ronde » est un sens. Mais elle renvoie à un objet, la Terre, qui n'est plus de l'ordre du sens, et qui n'est pas non plus quelque chose d'idéal, mais plutôt quelque chose de réal. Nous disons de tout acte de juger et de tout acte en général qu'ils se rapportent à des objets. D'un autre côté, ils se rapportent à l'objet « par » leur contenu de sens, donc par la proposition qui se rapporte toujours à sa façon à l'objet.

L'*ego* et l'*objet* se maintiennent aussi dans un rapport d'essence apriorique, même si d'un autre côté l'*ego* est aussi un objet, et ce, dans la mesure où il peut de nouveau devenir l'objet d'un acte de juger d'un *ego* et, corrélativement, l'objet de propositions, ou encore l'objet d'autres actes et

d'autres propositions. La corrélation conduit ici aussi à une différence ultime, à des sujets égoïques et à des *objets qui ne sont pas eux-mêmes des sujets égoïques*. Lorsqu'un *ego* accomplit des actes, les objets dont il est question dans les actes sont ce à propos de quoi ceci ou cela est visé. Mais cela ne veut pas dire que l'objet est en quelque sorte
262 | dans les actes. Lorsque nous portons un jugement sur Mars, Mars n'est pas dans le jugement. De plus, le sens de l'acte est « immanent » à l'acte : lorsque j'énonce quelque chose, la proposition énoncée (le contenu prédicatif) est immanente à l'acte d'énoncer judicatif en tant que « visée », en tant que sens qui lui appartient ; la proposition est certes ce que nous énonçons ; mais la proposition n'est pas effectivement dans l'acte. D'un autre côté, l'objet, par exemple l'objet « Mars », auquel <la> proposition « Mars est une planète » adjoint une détermination, n'est pas lui-même un fragment de la proposition ; c'est l'idée « Mars », le sens, qui est un fragment de la proposition ; une unité de sens peut seulement se composer de parties de sens, et les objets du sens ne sont pas des parties du sens [1].

Les connexions d'essence entre l'*ego*, l'acte de l'*ego*, le sens et l'objet dont nous avons parlé hier vont nous conduire rapidement à des vues [*Einsichten*] dont l'importance va au-delà de la clarification de notre question initiale : comment déterminer et comprendre le sens profond de la différence radicale entre le simple *acte de juger objectif* et l'*acte de juger normatif*, entre les simples sciences d'objets et les sciences normatives ?

Par principe, l'*ego*, l'acte de l'*ego*, le sens et l'objet nous sont donnés seulement dans une imbrication inextricable ; nous ne pouvons pas penser un *ego* sans le

1. L'objet lui-même = le corps céleste qui est véritablement.

penser comme un *ego* réalisant ou réalisant possiblement des actes; les actes ne peuvent pas être pensés sans qu'ils visent quelque chose, et donc sans qu'ils aient un sens; nous ne pouvons pas penser le sens sans une objectité qui est justement visée dans ce sens; et c'est pourquoi l'*ego* et les actes sont en même temps rapportés à cette objectité. Et comme nous en avons acquis la conviction, cette *imbrication du sens dans l'acte, de l'objet dans le sens, de l'objet dans l'acte* (et d'ailleurs de *l'acte dans l'*ego *et de l'*ego *dans l'acte*) n'est pas un emboîtement réel ou une inclusion réelle, il n'en va pas comme de l'imbrication d'une partie dans un tout.

Mais il nous faut aller plus loin et remarquer qu'ici, lorsque nous interrogeons les actes en ayant ce genre de considérations, c'est-à-dire en cherchant à savoir ce que nous trouvons en eux, et que nous établissons qu'ils se rapportent à des objets par du sens, nous faisons face à une différence essentielle. Le sens mis au jour, par exemple la proposition jugée dans l'acte de juger, est mis au jour comme quelque chose qui est effectivement, bien qu'il soit quelque chose d'idéal. Il en va autrement pour l'objet : rien n'est dit quant à la question de savoir s'il est effectivement ou s'il est un objet illusoire, mythologique.
| Lorsque quelqu'un juge « Fitzlijutzli est un grand Dieu », **263**
alors Fitzlijutzli [1] est l'objet de son jugement, ou plutôt l'objet-sujet [*Subjektgegenstand*] pour le sens, pour la proposition, mais nous avons de bonnes raisons de croire qu'il n'a pas d'existence effective. De façon correspondante, le sujet qui pense, qui se représente, peut toujours à nouveau revenir à l'objet en tant qu'objet qui est le même; il peut

1. Fitzlijutzli ou Vitzliputzli est le nom déformé du Dieu aztèque Huitzilopochtli – NdE.

le viser avec une teneur de sens toujours nouvelle tout en le visant comme étant le même, à savoir dans l'acte synthétique et global de l'identification, et ce, même si le Dieu Fitzlijutzli n'a pas d'existence effective.

On devra donc séparer avec précision l'*objet* « *effectif* », « vrai », de l'objet présumé, de l'objet entre guillemets, où par « *objet présumé* » (par exemple Fitzlijutzli), il faut entendre ce qui est identifiable [1] dans une multitude d'actes possibles et, de façon correspondante, dans leurs multiples teneurs de sens ; donc comme quelque chose qui fait entièrement partie de la sphère du sens et qui est lui-même quelque chose d'idéal. Les différents jugements et représentations, qui sont différemment construits et dans lesquels le même Fitzlijutzli est toujours le même substrat (comme c'est le cas pour n'importe quel autre objet), sont différents d'après leur teneur de sens, et si à cette occasion les différentes propositions sont unifiées par identification, l'objet présumé n'est pourtant jamais un fragment de ces sens. D'un autre côté, il leur est quand même *immanent idéalement* [2]. Entre parenthèses : cet objet dans le sens (et aussi tout l'état de choses de la proposition) se maintient toutefois dans un rapport essentiel avec l'objet du discours normatif, avec l'objet effectif : en effet, si la proposition est vraie, alors l'objectité présumée dans la proposition a valeur d'effectivité [*Wirklichkeitswert*]. Mais nous ne pouvons pas en parler pour l'instant, puisque nous n'avons pas encore à envisager les prédicats normatifs « vrai » et « étant effectivement ».

Il nous faut en outre tenir compte du fait que lorsqu'en regardant pour ainsi dire à l'intérieur d'un acte nous en extrayons son sens (par exemple la proposition d'un acte

1. = objet entre guillemets.
2. Erreur : après la leçon je remarque qu'il n'en va pas ainsi !

énonciatif), nous saisissons et avons alors effectivement la proposition en son être idéal en tant que sens identique, sens que cet | acte peut avoir en commun avec d'innombrables 264
autres actes possibles. Mais cela ne nous dit pas encore si la proposition, comme nous disons, « est consistante », c'est-à-dire si elle est vraie. Comme n'importe quelle proposition vraie, la proposition fausse qui porte sur le Dieu Fitzlijutzli a son existence dans le monde du sens ; elle peut, dans un intérêt purement objectif et comme n'importe quelle autre proposition en général, être analysée d'après les membres qui la composent et d'après ses formes ; elle peut être rangée dans la classe des propositions catégoriques, etc. [1]

<§ 2. *L'autonomie de la science du sens par rapport à la science des actes. Le sens idéal n'est pas une idée générique des actes*>

Nous pouvons sans plus attendre poursuivre notre propos. Plaçons-nous dans le pur domaine du sens, qui, comme nous le voyons, contient toujours, en tant que points d'identité idéaux, des *« objets » entre guillemets*. Nous pouvons faire de cette *sphère d'être idéale dans son ensemble le thème d'une recherche scientifique*, tout comme nous pourrions aussi corrélativement thématiser scientifiquement les actes effectifs et possibles auxquels les sens sont immanents.

Tout d'abord, il est extrêmement important que nous gardions dès le départ la *science du sens* purement et adéquatement séparée de la *science des actes*. En effet, nous avons d'un côté la science des sujets et des actes : on peut étudier l'*ego* et les actes de l'*ego* de façon empirique,

1. Irréalité du sens.

et alors on est dans la psychologie au sens habituel, laquelle traite des personnes humaines, des vécus humains, des actes judicatifs, affectifs et volitifs des hommes. On peut cependant aussi les étudier de façon apriorique dans une psychologie apriorique, et finalement étudier, dans une certaine pureté ultime, ce qui appartient à l'essence de l'*ego* pur en général et de ses actes en général, ce qui appartient spécifiquement à l'essence des actes judicatifs en général, etc., ce sans quoi ce genre de choses ne seraient
265 tout bonnement pas pensables[1]. Ici, on se meut donc | sur le sol de la pure idéalité ; sont thématisées les idées de l'acte de juger, de l'acte d'évaluer et donc de chaque espèce d'actes, autrement dit les actes, de la sorte en question, idéalement possibles et embrassés par ces idées. Or, la teneur de sens des actes appartient bien aux actes ; le fait que les actes visent à chaque fois tel et tel sens est évidemment une composante de la caractérisation d'essence qui doit ici être effectuée.

On conçoit aisément que l'on puisse se méprendre sur ce qu'est l'idéalité du sens dont nous venons de parler, comme je l'ai moi-même fait à mes débuts[2]. Prenons par

1. Idée d'un « *ego* pur », d'un *ego* qui agit en jugeant, évaluant, etc. librement et sans obstacle [*ungehemmt*], d'après ce qui est possible idéalement.

2. Le passage suivant ([265-266]), au fil duquel Husserl démontre que l'idéalité d'une proposition n'est pas une généralité générique, a été utilisé par Ludwig Landgrebe dans la composition du § 64 d) d'*Expérience et jugement* (E. Husserl, *Erfahrung und Urteil. Untersuchungen zur Genealogie der Logik*, Prag, Academia Verlag, 1939, p. 314-316 ; trad. fr. par D. Souche-Dagues, *Expérience et jugement. Recherches en vue d'une généalogie de la logique*, Paris, P.U.F., 1970, p. 317-319). S'il est resté dans l'ensemble fidèle au manuscrit husserlien, Landgrebe a néanmoins réduit certains passages et a surtout systématiquement remplacé le terme *ideal* par le terme *irreal* et le terme *Idee* par le terme *Eidos* – NdT.

exemple une proposition énoncée, le sens dans l'acte d'énoncer en question, ce qu'il vise. La proposition est *quelque chose d'idéal*, ce que nous montrions en attirant l'attention sur le fait que d'innombrables actes d'énonciation, et quel que soit le sujet qui les énonce, peuvent énoncer cette même et unique proposition ; ils peuvent avoir cette proposition comme un *même sens identique*. On conçoit aisément que l'on puisse effectivement penser que c'est en tant que généralité générique [*Gattungsallgemeines*] que la proposition fait partie des nombreux actes dont elle est le sens, tout comme par exemple l'idée générique de la rougeur appartient à plusieurs choses rouges. Au même titre que toutes ces choses ont le rouge en commun et que le rouge saisi par abstraction est une *idée générale*, *la proposition idéale*, qui est certes dans les faits commune à plusieurs actes, serait une idée générale, et donc une *idée générique*.

Pourtant, c'est absolument faux. Il est vrai qu'en tant que telle, toute idée est générale, c'est-à-dire qu'elle met au jour une extension idéelle de singularités possibles au sein desquelles <elle> peut s'attester. Mais *ce ne sont pas toutes les idées qui sont générales au sens de la généralité générique, spécifique* [*Artallgemeinheit*] [1] ; donc de l'espèce d'idées qui correspondent à des concepts que l'on dit « généraux », comme la couleur, le son, la maison, etc. Lorsque l'essence générale et générique, par exemple l'idée « couleur », se particularise dans différents objets colorés, alors chacun de ces objets a son moment individuel de coloration ; nous avons donc plusieurs moments individuels de couleurs et vis-à-vis d'eux l'idée « couleur » comme généralité générique. Cette idée n'est pleinement et véritablement visible [*erschaubar*] que de la façon suivante :

1. « Idée » est un terme inutilisable. « Objet irréal » est mieux.

plusieurs coloris singuliers nous sont donnés, en comparant les objets colorés nous parvenons à les faire « coïncider » par recouvrement, et nous saisissons et détachons alors des exemples arbitraires ce qu'il y a d'idéal, qui s'avère dans cette coïncidence être quelque chose de général et
266 | non pas quelque chose qu'ils auraient réellement en commun. C'est le processus intuitif [*schauende*] de l'abstraction d'une idée générale ou, pour le dire plus clairement, d'une généralité générique.

En revanche, il en va tout autrement là où il s'agit de saisir le sens, par exemple le sens d'une énonciation, et d'en faire un objet, par exemple pour des fins grammaticales. Pour saisir la proposition $2 < 3$ en tant que proposition que nous voudrions par exemple décomposer grammaticalement, nous n'avons pas à comparer des actes judicatifs qui jugent que « $2 < 3$ » ; *nous n'avons pas à accomplir une abstraction généralisante*, et il en ressort que nous ne trouvons absolument jamais *la proposition comme quelque chose de générique*, ce qui signifierait que nous trouverions un moment propre, une proposition individuelle, dans chaque acte judicatif. Tout jugement vise pour soi-même la proposition, et la proposition visée est dès le départ quelque chose d'idéal. Deux actes de juger qui visent la même proposition visent identiquement la même, et il est faux de dire que chacun des actes vise pour soi-même une proposition individuelle en tant que moment, et que toutes les propositions sont seulement similaires, de sorte que la proposition idéale « $2 < 3$ » ne serait qu'une généralité générique de toutes ces singularisations. Tous ces actes visent en soi la même proposition ; le « je vise » est un moment individuel de chaque acte de poser, mais ce qui est visé n'est pas quelque chose d'individuel et n'a pas non plus à être singularisé. *Chaque acte a bien, selon ses particularités réelles, sa façon individuelle d'avoir conscience de la proposition*, par exemple un des actes en aura conscience de façon plus claire, l'autre de façon plus obscure, un acte peut être un acte que l'on dit intuitif [*Einsicht*], l'autre peut être un acte que l'on dit aveugle. Mais pour chacun de ces actes et de ces modalités d'actes, *la proposition elle-même* est *quelque chose d'identique (en tant que corrélat d'une identification) et non pas une généralité (en tant que corrélat d'un recouvrement comparatif)* [1].

Il ressort de ces remarques importantes qu'*une science apriorique du sens pur n'est pas du tout une branche secondaire des sciences aprioriques portant sur les actes*, mais qu'elle est au contraire une science purement fermée sur elle-même. Il en ressort aussi corrélativement que *le royaume du sens pur* est dans les faits un royaume entièrement fermé sur lui-même qui n'entre pas dans le royaume des actes en tant que composante dépendante. Évidemment, il y entre | aussi justement parce que les actes **267**
ne sont qu'en tant qu'actes ayant un sens. Mais dans la sphère du sens, au cas où nous voudrions l'étudier sous tous ses aspects justement sans tenir compte de relations extérieures à ce qui appartient à son essence propre, il n'est pas du tout question des actes.

<§ 3. *La différence entre la recherche portant sur le sens pur qui est objective et celle qui est normative*>

Réfléchissons maintenant à ce que nous pouvons établir comme sciences aprioriques dans le royaume, purement fermé sur lui-même, du sens idéal. Nous pouvons premièrement étudier le sens de *façon purement objective*,

1. Le sens identique ne se singularise pas de façon individuelle. Ce qui est sous-jacent à ce qui est général dans le recouvrement, ce sont des singularités ; il n'y a cependant pas de singularités qui soient sous-jacentes au sens.

et nous entendons par là la recherche purement objective telle que nous l'avons précédemment décrite. Chaque sens présenté de façon déterminée est une singularité [*Einzelheit*] idéale : nous ne pouvons pas dire ici qu'il est quelque chose d'individuel puisque ce mot ne convient que pour l'être temporel, mais nous pouvons dire que le sens est à sa façon un objet unique et singulier [*singulärer*]. Chaque sens que nous exprimons en parlant en est un exemple. Il a ses propriétés internes, ses parties, ses formes de liaison entre ses parties ; il peut se lier à d'autres sens singuliers pour former des unités de sens supérieures, il peut entrer en relation avec ces unités de sens, relations qui s'enracinent purement dans le contenu propre des membres singuliers mis en relation. Le sens peut être comparé à d'autres sens, et c'est de là que proviennent les idées génériques du sens et donc les concepts généraux qui sont adaptés à la pure sphère du sens et qui rendent possibles des prédications générales. Cela ouvre donc un *champ de recherches considérant le sens de façon purement objective*, ainsi qu'un champ de recherches aprioriques portant sur les essences et les lois d'essences générales propres au monde du sens. La recherche est purement objective en ce qu'elle porte justement sur ce qui appartient au sens, sur ce qui appartient par exemple aux propositions de chaque espèce fondamentale ; la recherche se fait purement à partir de ce que les sens sont en eux-mêmes et suivant les relations qui justement les déterminent ainsi mutuellement, en restant purement à l'intérieur du royaume du sens.

C'est un problème particulier, et un problème qui est hautement important, et pas seulement pour la philosophie, que la question de savoir comment caractériser au sein de ce qui relève de l'univers du sens pur, le royaume particulier et purement fermé sur soi de ces sens qui peuvent être exprimés linguistiquement. Car tout sens n'est pas

exprimable, et ce, pour des raisons aprioriques. Chaque perception a bien son sens perceptif, mais celui-ci est
| direct et n'est pas exprimable au sens propre[1]. C'est au 268
sein des significations exprimées ou exprimables que se meut la *grammaire apriorique*, science apriorique de toutes les espèces ou de toutes les formes de propositions possibles, d'après leur structure légale interne et les formes qui permettent la formation de propositions à partir d'autres propositions. Dans cette science le terme « proposition » est évidemment un concept prégnant, déjà extrait de la sphère de ce qui est exprimable.

Dans le deuxième tome de mes *Recherches logiques*, où j'ai prouvé l'idée de cette science et sa fonction en tant que légalité apriorique se trouvant au fondement de toutes les sciences empiriques du langage, j'ai également qualifié cette science de *grammaire logique pure* parce qu'elle est d'un certain point de vue au fondement de la logique pure comprise comme logique des propositions, mais bien sûr seulement en ce qui concerne les propositions énonciatives (les propositions judicatives)[2].

Deuxièmement : le mot « logique » nous indique cependant quelque chose de nouveau sur lequel nous souhaitons porter notre attention. Aussi longtemps que nous nous intéressons au royaume du sens de façon simplement objective et que nous éclaircissons de façon

1. Pas lu et ceci n'est pas clair pour moi. <Depuis le début du paragraphe : « La caractérisation » jusqu'à : « n'est pas exprimable au sens propre »>

2. Husserl se réfère ici à la Quatrième Recherche, intitulée précisément « La différence entre les significations indépendantes et les significations dépendantes et l'idée de la grammaire pure » (dans Hua XIX/1, 301 *sq.* ; trad. fr. par H. Élie, A. L. Kelkel et R. Schérer dans *Recherches logiques*, Tome 2 : *Recherches pour la phénoménologie et la théorie de la connaissance*, Deuxième partie, Paris, P.U.F., 1961, p. 83 *sq.*) – NdT.

simplement objective les propriétés et les connexions propres au sens, que nous effectuons donc, comme nous l'avons dit précédemment, des recherches simplement ont<ologiques> sur le sens, nous ne rencontrons aucun *prédicat tel que « vérité » ou « fausseté »*, ni aucun des prédicats qui leur sont liés et que nous qualifions de prédicats spécifiquement logiques (comme les prédicats « prémisse nécessaire » et « conséquence nécessaire »). Et cela vaut non seulement pour ce que l'on qualifie de prédicats logiques, mais aussi pour les prédicats axiologiques et éthiques qui se rapportent aux sens propres à leur domaine respectif.

D'un autre côté, les prédicats qui font maintenant nouvellement leur apparition, les *prédicats spécifiquement normatifs*, sont ceux dont, d'après leur essence, les sujets ne peuvent être originairement et véritablement que du sens et, pour être précis, que des propositions, qu'elles soient exprimables ou non. Seules les propositions sont originairement et véritablement conformes ou non à la norme [*normale und anomale*] ; elles seules sont originairement soumises aux idées les plus hautes que sont la vérité et la fausseté : la vérité et la fausseté logiques, la vérité et la fausseté axiologiques et pratiques, auquel cas des expressions particulières et appropriées à ces domaines de sens, et parfois aussi des expressions très fluctuantes,
269 | comme les mots « beauté » et « laideur », « justesse », « bonté », etc. apparaissent dans le langage. *Toutes les prédications originairement normatives ont donc pour sujets des propositions, c'est-à-dire du sens*, et, inversement, nous définissons les prédications normatives de la façon suivante : elles forment des énoncés qui se réfèrent au sens et qui portent sur sa légitimité, sa vérité.

J'ai dit que de tels énoncés ne sont pas des énoncés se rapportant objectivement au sens, c'est-à-dire qu'on ne peut jamais tomber sur la légitimité ou l'illégitimité d'une proposition en la décomposant et tout aussi peu en examinant son contenu en son rapport avec d'autres propositions. Autrement dit, aucune sorte de vérité, de légitimité, n'est quelque chose qui ne fait qu'arriver à l'intérieur de la sphère du sens, sans quoi nous devrions tomber sur elle par l'observation, la décomposition, la comparaison, la mise en relation, etc., simplement ont<ologiques> du sens – nous pourrions également dire : par l'analyse simplement grammaticale du sens. Toutefois, le vrai (et de l'autre côté le faux, ce qui est nul et non avenu) apparaît dans la proposition, et nulle part ailleurs. Donc seul le sens idéal a ce prédicat, et ce prédicat est lui-même quelque chose d'idéal. Mais sa spécificité apparaît déjà dans sa façon de se donner originairement. La proposition pythagoricienne, comprise en tant que simple sens, tout comme la proposition « Tout hexaèdre est un corps régulier », me sont données dès que et à la seule condition que je conçoive distinctement le sens qui est mis en relation [*] et indiqué par les mots grammaticaux des propositions linguistiques en question [1]. Cela ne dépend pas de la question de savoir si moi-même j'y crois, donc si moi-même je juge ou je ne juge pas cela ; il suffit que je pénètre en pensée un acte possible de juger, comme c'est d'emblée le cas dans le simple acte de comprendre accompagné de l'acte de rendre distinct correspondant.

[*] *Cf.* Variante, *infra*, p. 187.

1. *Cf.* Appendice XIV : « L'être-indiqué d'un sens et le fait d'avoir distinctement le sens lui-même », *infra*, p. 153 *sq.* – NdE.

Si j'obtiens une donation « parfaite » de la proposition comprise en tant que sens, je n'obtiens alors encore rien de la vérité d'une proposition et de la fausseté contradictoire d'une autre. <Pour> gagner cela, le sens doit fonctionner d'une certaine façon ; mon vécu judicatif doit le contenir sous un certain mode [1]. Car je dois moi-même effectivement juger, et je dois, comme on dit, *juger de façon intuitive,*
270 *évidente*. Sous le titre « donation de la vérité », | j'ai certes ici à nouveau la proposition elle-même en tant que sens, mais en tant que contenu justement d'une *conscience* qui confère au sens (selon tous ses moments de sens) un remplissement intuitif et qui le *donne comme vrai*, alors que là où ce n'est pas le cas, la même proposition est donnée sur le mode du vide correspondant, de ce qui est éloigné de la chose [*Sachferne*] [2].

Mais à ceci sont liées les lois d'essence de la fondation dont j'ai parlé plus tôt, suivant lesquelles tout acte de juger qui vise à vide doit être fondé grâce au passage par une intuition qui le confirme ou le réfute. De façon équivalente, nous avons la loi d'essence suivante : toute proposition est nécessairement le contenu d'un possible acte de juger intuitif [*einsichtigen*] qui la caractérise comme vraie ou comme fausse, si bien que le sens idéal, la proposition elle-même prise avec la détermination qui lui est propre, préfigure *a priori* si, pour quelque *ego* jugeant que ce soit, une évidence vérifiante peut exister. Et si cette possibilité existe une fois, alors elle existe une fois pour toutes ; et il

1. Tout ceci est insuffisant.

2. Mais ce que l'on désigne ici du côté de la conscience doit ensuite être désigné, du côté du sens, comme moment encore une fois idéal de la vérité.

en va de même pour le caractère de la fausseté [1]. Vérité et fausseté sont donc elles-mêmes des *prédicats idéaux*, qui appartiennent par essence aux propositions en tant qu'objets idéaux.

Si nous adjoignons à la sphère du sens les *prédicats normatifs*, en vertu de leur idéalité et de leur connexion apriorique avec les sens, et en tant que prédicats qui leur reviennent ultimement, alors il en résulte une multitude de nouvelles lois d'essence. C'est selon certaines lois que les traits distinctifs de la vérité et de la fausseté, et en particulier celui de la vérité des syllogismes [*Grund- und Folgewahrheit*], se lient aux propositions ; en effet, les conditions de possibilité aprioriques de la vérité et de la fausseté dépendent des formes essentielles, générales et avant tout formelles des propositions, de leurs structures générales dévoilées par la grammaire apriorique et formelle ; liaison que j'ai tenté, pour la sphère du jugement, d'expliciter minutieusement dans mes leçons portant sur la logique. Il s'ensuit que la *logique*, en tant que logique dite formelle, n'est rien d'autre qu'une science apriorique qui établit les lois spécifiquement logiques, celles de la vérité et de la fausseté des jugements, en se fondant | sur une recherche **271**
systématique des formes *a priori* des structures de sens qui sont possibles dans la sphère du jugement et donc sur une grammaire formelle, purement logique, des propositions judicatives. Ces lois montrent donc comment les prédicats normatifs de la vérité et de la fausseté dépendent des formes structurelles du sens.

1. Nous passons ici outre la différence entre les propositions purement imaginaires [*puren Phantasiesätzen*] et les propositions effectives (et leurs modalités) ; le sens ou les propositions effectives, les suppositions et les propositions interrogatives effectives, etc., ont leur vérité ou leur fausseté.

Ce faisant, nous parvenons cependant aussi à la conclusion qu'il doit y avoir en un sens similaire une *axiologie formelle* et une *pratique formelle*. Nous savons en effet que la conscience évaluante et pratique a aussi ses propositions particulières, qui ont leurs structures formelles, leurs particularités et leurs formes de liaisons soumises à des lois d'essence, et nous savons par ailleurs que ces propositions appartenant à la sphère de l'affectivité ont également leurs propres prédicats normatifs, lesquels ont leurs attestations particulières. Il faut donc établir une recherche systématique des lois normatives qui suivent la liaison d'essence entre les prédicats normatifs ici pertinents (la beauté, la bonté, etc.) et les formes propositionnelles en question. Cette idée doit nous éclairer dans nos prochaines recherches.

<§ 4. *La normation [*Normierung*] des actes et l'idée d'une science idéale de la raison elle-même*>

Jetons maintenant un regard rétrospectif sur les actes ; des actes possibles <appartiennent> aux sens qui sont *idealiter* dans le monde des sens. Évidemment, *la normation des propositions se transpose maintenant aux actes*. Reprenons pour le moment les actes judicatifs. Les actes qui parmi eux sont vrais, c'est-à-dire qui mettent intrinsèquement en relief le caractère idéal de la vérité dans des fondations intuitives ou renvoyant ultimement à des intuitions, sont qualifiés d'*actes corrects*. Celui qui juge ainsi juge correctement, ce qu'il juge et énonce verbalement est une proposition vraie ; et il en va de même dans la sphère parallèle de l'affectivité. Si la considération axiologique est telle que la valeur qui y est posée est une valeur authentique, vraie, et qu'elle peut s'attester de manière appropriée, si de manière similaire un acte volitif

est tel que le but qu'il pose et le moyen qu'il pose sont tous les deux corrects, alors nous parlons *d'une évaluation correcte, d'une volonté correcte*; sinon, d'une évaluation incorrecte, d'une volonté incorrecte. Les mots « vrai » et « faux » et tous les mots ayant un sens similaire reçoivent un | sens qui peut être transposé aux actes. Lorsque l'on **272**
dit que quelqu'un juge de façon vraie, on veut alors à la fois dire que l'acte de juger peut être dit vrai, mais aussi, et à proprement parler, qu'il juge quelque chose de vrai; à l'inverse quelque chose de faux lorsque l'on dit d'un acte de juger qu'il est faux. Nous avons un mot spécifique pour dire cela : « errer », alors que le mot « erreur » convient mieux à la proposition [1].

La normation des actes comme actes corrects et incorrects ne fournit pas pour l'instant de nouvelles disciplines aprioriques, car ces normations ne sont justement que des transpositions de disciplines aprioriques qui portent sur les propositions, comprises comme sens des actes, et dont la légalité d'essence est accomplie dans une généralité principielle par la logique pure pour la sphère du jugement et par des disciplines parallèles (l'axiologie et l'éthique pures) pour les sphères de l'affectivité et de la volonté, ainsi que pour les propositions qui vont de pair. Il faut à ce titre réfléchir à ce qui suit : les actes dans lesquels des propositions parviennent à la donation en tant que vérités, les actes judicatifs intuitifs [*einsichtigen*] et à l'inverse non-intuitifs [*uneinsichtigen*] et également les fondations conduisant ultimement à l'intuition [*Einsicht*], tous ces actes ont différentes structures. Cela vaut pour tous les types d'actes et les caractères normatifs qui vont de pair

1. Actes – ici évidemment les activités de l'*ego* [*Ichtätigkeiten*], les actions [*Aktionen*] rayonnant à partir de l'*ego* en tant qu'unités singulières, qui ont elles-mêmes à nouveau leurs noèses.

avec eux et que nous rassemblons sous le large titre suivant : « vérité » ou « authenticité », « justesse ». Les actes dans lesquels les caractères normatifs apparaissent effectivement et deviennent visibles sont *les actes relevant spécifiquement de la raison*, tous les autres actes ne sont dits « de raison » que dans la mesure où ils doivent pour ainsi dire être amenés à la raison, c'est-à-dire que <dans> la mesure où ils doivent synthétiquement et grâce à une fondation conduire aux actes de raison appropriés et ainsi attester qu'ils sont des actes corrects. Mais c'est à bon droit que les enchaînements d'actes de l'ordre de la fondation sont également qualifiés d'actes relevant spécifiquement de la raison.

Il est donc clair que l'*étude de la raison* elle-même, que les propriétés essentielles et les lois d'essence des actes relevant spécifiquement de la raison, des fondations conduisant à la rectitude rationnelle, tout comme des soubassements motivant leur donation de droit originaire, sont du plus grand intérêt, et que cette étude est entièrement différente de l'étude des lois qui ont trait aux propriétés essentielles des propositions et des prédicats normatifs qui dépendent d'elles. La logique des propositions énonciatives n'est pas orientée de la même façon que la science de la raison pure ; l'orientation du regard sur les propositions
273 | est bien différente de celle sur les actes ; et ce du tout au tout. Il en résulte donc *l'idée d'une science universelle de la raison*[1]. Elle est guidée par les normes logiques, axiologiques et éthiques, par les idées de vérité et les lois fondamentales qui vont de pair avec elles, lesquelles en retour rapportent ces idées aux différentes espèces de

1. La critique de la connaissance, la critique du jugement, la critique des actes évaluatifs et pratiques, la science universelle des lois d'essence qui, en tant que normes, règlent la conduite rationnelle des actes.

propositions possibles ainsi qu'à leurs structures formelles. *À la différence près que c'est la subjectivité qui forme le nouveau thème*, dans les actes et les motivations d'actes de laquelle se trouve la source constitutive de la vérité et de l'être, ou encore de l'être axiologique et de l'être-bon. Il nous faudra absolument étudier, et nous y sommes conduits, toutes les connexions aprioriques qui sont ici inextricablement liées, toutes les corrélations qui subsistent entre l'*ego*, la conscience de l'*ego*, et en particulier entre l'acte, le sens et l'objectité, et il faudra aussi élucider le sens dernier de l'être vrai au regard de toutes les espèces de raisons véritatives. Et ce, aussi loin qu'il le faut pour donner une réponse principielle à toutes les questions que l'on peut ici rationnellement poser, et pour dissiper tous les doutes nés d'un manque de clarté et par conséquent non-rationnels, doutes dont l'humanité souffre sous forme de scepticismes manifestes et latents. À la logique, l'axiologie et l'éthique orientées objectivement et, pour ainsi dire, naïvement correspondent ainsi les disciplines réflexives et orientées vers la raison et ses donations-sources [*Quellgebungen*], les disciplines d'une phénoménologie pure de la raison.

<§ 5. *Propositions déterminantes et objets originaires, primitifs, de la détermination dans les sphères de la connaissance, de l'évaluation et du vouloir*>

Grâce aux trois dernières leçons, nous sommes parvenus aux soubassements principiels en vue de la clarification radicale de la différence qui prévaut entre les simples sciences d'objets et les sciences normatives ; ou du moins pour l'essentiel. Nous pouvons maintenant facilement compléter ce qui précède. Jetons un regard rétrospectif : nous avons trouvé le lieu originaire de tous les concepts

normatifs et le champ originaire de tous les jugements et
274 énoncés normatifs : c'est | le champ des sens idéaux, le champ des propositions. Il s'est avéré que les concepts normatifs fondamentaux, les sens les plus généraux de la vérité et de la fausseté, ont une origine qui leur est entièrement propre et une spécificité qui les isole totalement. Ils ont leur origine exclusivement dans les actes relevant spécifiquement de la raison, dans lesquels cependant le caractère normatif de la vérité est donné en tant que détermination idéale des propositions que l'on y trouve, et ce caractère ne peut être donné que dans des propositions, lesquelles sont du simple sens.

Pour faire la transition avec ce qui suit, il faut encore ajouter quelque chose. Ce que nous nommons habituellement « propositions » sont les *propositions déterminantes* ainsi que les formations propositionnelles où sont assemblées des propositions déterminantes et leurs modifications jusqu'à l'obtention de nouvelles propositions unitaires [1]. Le mot « détermination » peut être saisi aussi largement que les mots « *proposition* » et « *acte positionnel* ». Dans les faits, on parle bel et bien également de la détermination <de> la volonté, <de> la détermination d'un but, etc., l'acte de déterminer étant ici affaire de volonté. Les propositions déterminantes sont des jugements prédicatifs ; elles accomplissent des déterminations judicatives, c'est-à-dire qu'elles déterminent un objet-sujet [*Subjektgegenstand*] posé simplement comme ayant telle propriété (la propriété est la « détermination-de-l'être-tel »). Chaque propriété énoncée s'appelle aussi tout simplement une détermination, par exemple « ceci est rouge ». Les actes évaluatifs et les

1. Propositions déterminantes au sens le plus large (jugements catégoriaux et ce qui leur est analogue).

actes volitifs sont fondés dans des actes de connaissance, et éventuellement déjà dans des actes judicatifs déterminants. Leur sens inclut déjà dans ce cas un sens relevant de la sphère de la connaissance, et, grâce à celui-ci, des objets présumés existent pour la conscience volitive et évaluative et sont reçus en elle. Ce que je ne peux d'aucune façon me représenter, je ne peux jamais l'évaluer. L'objet perçu ou bien représenté de quelque manière que ce soit, posé et pensé de telle ou telle façon, se transforme en objet évalué dans l'acte d'évaluer. Maintenant, tout comme il y a un acte de faire l'expérience simple et, érigé sur lui, un acte de déterminer jugeant ce dont on fait l'expérience, il y a de la même façon un acte d'évaluer l'expérience simple et éventuellement, érigé sur lui, *un acte d'évaluer qui le détermine et s'y rapporte*. Il en est ainsi par exemple lorsque l'objet, qui dans l'acte du sentir est là en tant qu'objet agréable, est parcouru suivant ses moments d'agrément et que, grâce à eux, la valeur sentie et posée simplement est déterminée dans un acte du sentir singulier. De même, l'acte volitif s'accomplit également dans des *propositions volitives déterminantes* lorsque, par exemple, il explicite les buts ou les moyens volitifs dans la conscience volitive
et en même temps | extrait, précise et finalement complète **275**
les impératifs qui s'imposent à la volonté. Les chemins, les moyens, etc. nécessaires sont ainsi mis en relief.

Dans la sphère de la connaissance, nous nous apercevons, et cela va évidemment de soi, que les propositions déterminantes les plus primitives, comme « ceci est rouge », contiennent déjà des propositions, des propositions pures qui sont, pour ainsi dire, à rayon unique [*einstrahlige*]; des positions d'objet simples comme « ceci », un petit mot qui renvoie directement à un objet et qui ne devient compréhensible, naturellement, que grâce au fait qu'il y a une perception simple et quelconque, ou bien un souvenir ou une représentation simple et quelconque, dans lesquels l'objet en question est ce qui est posé dans une position simple, dans une *proposition simple d'objet.* Les propositions déterminantes, les propositions au sens habituel, abritent donc déjà en soi des propositions simples posant directement quelque chose, et ce qui est posé directement s'appelle « objet »[1]. La proposition déterminante attribue quelque chose à l'objet; dans la détermination relative, elle le rapporte à d'autres objets qui sont posés dans d'autres propositions d'objet, et ainsi de suite. De même, à partir des propositions déterminantes évaluatives et volitives, nous sommes nécessairement renvoyés à des *propositions évaluatives et volitives à rayon unique*, qui, ultimement, sont entièrement primitives et ne pas déterminantes. Pour donner un exemple : le son du violon, qui est donné et saisi par moi dans sa beauté, est un objet axiologique simple, la position n'est pas une position déterminante.

Privilégions un instant les propositions judicatives, par exemple la proposition « Le temps est nuageux ». Toute proposition déterminante de ce type peut être menée à une nouvelle position d'objet, à savoir à une position qui est attributive, par exemple : de « le temps est nuageux » <à> « le temps nuageux ». Une telle « nominalisation » donne cependant une proposition à rayon unique, qui renvoie d'après son sens à une proposition déterminante et donc à rayons multiples. « À rayons multiples », car tandis que

1. Proposition-substrat : l'objet-à-propos-duquel [*Gegenstand-worüber*], compris en tant que sens, qui est posé et qui est présent par conséquent dans l'acte de juger de celui qui juge, qui est pour lui présup-posé [*voraus-gesetzt*] en tant qu'étant tout simplement. L'objet-à-propos-duquel est donc l'objet à déterminer, le substrat de la détermination.

la position déterminante renferme plusieurs positions (positions de sujets, positions attribuant des prédicats, positions d'objets) et les relie dans l'unité d'une position faite de plusieurs membres, la position d'objet nominale est à rayon unique, mais renvoie encore selon son sens à des positions référentielles lorsqu'elle découle de celles-ci. Aussi, lorsque nous disons seulement « la maison » ou « la table », alors le sens nous renvoie déjà à des jugements déterminants | originaires : « ceci est une maison », « ceci 276
est une table ». Ultimement, en régressant ainsi, nous arrivons cependant toujours à *des positions d'objets* effectivement *primitives*, dont les objets sont des objets encore indéterminés, comme le sont tous les objets dont nous faisons l'expérience. Mais nous nommons « *objets de pensée* » ou « objets de savoir » les objets qui ont admis dans leur sens des déterminations prédicatives. Ils ont un noyau « indéterminé » et une couche de savoir, un sédiment relevant de la sphère du savoir [1]. (Nous nommons « états de choses » les objets que l'on peut extraire des propositions déterminantes elles-mêmes, comme lorsque nous extrayons à partir de « A est b » cet état de choses : que A est b.)

Nous appuyant sur cet enchevêtrement d'essence entre les propositions déterminantes, les objets de la détermination et finalement *les objets derniers de la détermination*, clarifions ce qui suit : c'est bien entendu spécifiquement dans la pensée et le discours que les jugements déterminants se présentent, ils forment en un sens éminent *le domaine de la raison connaissante*. Dans le discours normatif [*in normaler Rede*], *le concept de vérité* se réfère seulement à cette sorte de jugements. Vérité veut dire proposition déterminante vraie, proposition énonciative vraie. Nous

1. Pour une meilleure analyse : cf. *infra*, p. 106.

avons alors besoin d'un mot afin d'exprimer le concept normatif parallèle applicable aux positions d'objets, et à cette fin, nous parlons d'*existence*. Dans le langage ordinaire, nous disons « A est effectivement » et de façon négative « A n'est pas » ; ce qui est négatif n'est rien. En tant que prédicat, le terme « existence » veut dire « étant-véritablement », et il est un prédicat de l'objet présumé en tant que tel, c'est-à-dire justement de la proposition d'objet. Celui qui voit un fantôme et le prend pour un objet de perception ou d'expérience accomplit une position simple d'objet qui doit être reconnue comme une position erronée, tout comme inversement la position d'expérience, tant qu'elle est continuellement vérifiée intuitivement (et en excluant tout jugement déterminant), doit être reconnue comme étant correcte. On dit cependant « existant » (et « non-existant ») l'objet entre guillemets, lorsque justement l'expression « objet entre guillemets » est comprise comme ci-dessus, c'est-à-dire comme proposition d'objet accompagnée d'une thèse d'être.

277 | De la même façon que les objets posés dans la position simple d'objet obtiennent, en tant que simples sens, leurs prédicats logiquement normatifs que sont les prédicats « étant-véritablement » et « n'étant pas », les valeurs de l'objet posées dans une position axiologique simple et dans une position volitive simple obtiennent aussi, *dans des domaines parallèles*, *des prédicats normatifs axiologiques et pratiques* particuliers. Mais si des objets de connaissance, à savoir des objets étant effectivement, et bien qu'ils ne se détachent pas expressément dans le langage, font déjà fonction ici de substrats de l'évaluation et de la volonté, alors nous avons dans l'acte d'évaluer et de vouloir des objets de valeur et des objets pratiques, concrets et présumés, qui sont posés dans ces actes d'abord en tant que choses

effectives, mais aussi en tant que choses auxquelles s'attachent des caractéristiques axiologiques et pratiques. C'est ainsi que ces choses sont visées, et la question de la vérité consiste alors à se demander, après s'être assuré que ces choses sont véritablement, si elles sont aussi des valeurs effectives, des biens effectifs, de vraies fins, de vrais moyens. Sur ces valeurs et ces biens existentiels se construisent ensuite les états normatifs [*Normverhalte*] des propositions déterminantes propres aux sphères axiologique et volitive.

<§ 6> *Récapitulation et complément immédiat < : le réfléchissement de toutes les effectuations de sens de l'ordre de l'affectivité et de la volonté dans la connaissance théorique>*

Comme je l'ai dit, les dernières leçons nous ont permis d'apercevoir bien des points importants. Le vécu de conscience de chaque *ego*, et spécifiquement aussi le vécu de l'acte qui s'y trouve, est édifié à partir de plusieurs espèces de conscience et de conscience d'acte fondamentales et essentiellement différentes. Nous avions les rubriques « conscience cognitive (judicative) », « conscience du sentiment » et « conscience volitive » ; la conscience qui ressent présuppose la conscience cognitive, la conscience volitive présuppose à son tour la conscience qui ressent, le contient en soi à titre de soubassement. Pour chacun de ces domaines, les propositions qui leur sont propres se présentent comme contenus de sens des actes positionnels, qui sont ou bien des propositions à rayon unique simple, ou bien des propositions déterminantes et à rayons multiples. Nous avons des caractères normatifs qui sont propres à chacune des espèces de propositions, des caractères comme « vrai » et « étant véritablement » qui leur sont propres.

Ces caractères sont effectivement donnés dans l'accomplissement « évident » des actes positionnels en question, mais ils appartiennent *idealiter* aux propositions en question et ne dépendent donc pas de la question de savoir s'ils nous sont dans les faits donnés dans une « évidence ».

278 | Si un monde d'objectités variées se présente en tant que réalité effective immédiate aux sujets égoïques connaissants, cela veut dire que les sujets ont continuellement des expériences plus ou moins parfaites, des perceptions directes, dans lesquelles des positionalités simples ayant le caractère de l'évidence sont qualifiées d'« existant effectivement », sont les objets dont il est fait l'expérience. Si imparfaite cette évidence soit-elle, l'« être-effectif » se confirme dans la concordance de l'expérience, et avant toute détermination. Ces positions prédonatrices sont des soubassements pour des positions cognitives et déterminantes toujours nouvelles et, à un niveau supérieur, pour les *actes judicatifs conceptualisants qui déterminent à l'aide de concepts* et qui s'énoncent conformément à leur contenu de sens sous forme de *propositions énonciatives* : les propositions « logiques ». C'est ainsi que le *logos* des niveaux supérieurs de la connaissance, ceux des énoncés prédicatifs, embrasse et comprend finalement tout ce qui peut être connu. Par suite, le vécu cognitif consiste à faire l'expérience, à déterminer, à énoncer, et l'acte de penser qui conceptualise est alors lui-même tantôt évident, tantôt non-évident. À cet égard, l'évidence peut encore avoir ses degrés de perfection, selon que l'on parvient depuis le contenu de sens des propositions énoncées à une attestation plus ou moins évidente*. Il y a donc une tension continuelle

* *Cf.* Variante, *infra*, p. 187.

entre le savoir qui est simplement présumé, qui n'est si souvent qu'un simple savoir illusoire, et le savoir authentique ; pour autant qu'elle est attestée dans l'évidence, la proposition logique (c'est-à-dire la proposition judicative de niveau conceptuel) porte, en tant que tout mais également d'après chacune des parties de son sens, *le caractère normatif de la vérité*. De même que toutes propositions logiques – et donc aussi les propositions vraies – peuvent être exprimées, de même le caractère normatif de la vérité qui est aperçu en elles peut être exprimé, il peut être saisi, conceptualisé, et ensuite exprimé conceptuellement à l'aide d'un terme conceptuel. *De nouvelles propositions énonciatives et déterminantes, au sein desquelles les concepts « vrai » et « faux » se présentent en tant que prédicats déterminants, deviennent alors possibles.*

De plus : si une présomption évaluative ou pratique se réfère aux objectités prédonnées dans la connaissance, ces dernières sont alors conscientes en tant que valeurs et états de valeurs présumés, ou encore en tant que fins, moyens, etc. présumés. L'*ego* connaissant peut à tout moment se diriger sur ces caractères qui proviennent de la sphère de l'affectivité et de la volonté et qui se présentent à même les objets prédonnés dans la connaissance, et il peut les saisir de façon doxique ; il peut, dans des actes judicatifs déterminants, rapporter ces caractères aux objets en tant que | substrats de la détermination. Une fois qu'il a saisi 279
ces caractères dans des concepts comme « beau », « utile », « réjouissant », etc., l'*ego* connaissant peut produire des énoncés axiologiques ayant une forme logique. *Toutes les effectuations de sens de l'affectivité et de la volonté se réfléchissent* donc aussi *dans le royaume de la connaissance* et, pour être plus précis, de la connaissance conceptualisante, énonciative et finalement théorique. Les propositions

axiologiques présumées en elles, simples et déterminantes, et aussi évidemment les caractères normatifs (tels qu'« authentique » et « inauthentique », « vérité », « fausseté ») qui peuvent s'attester dans ces propositions, reçoivent une forme cognitive qui leur est impartie dans la connaissance. Dans cette nouvelle figure cognitive, le sens constitué originairement dans l'affectivité elle-même et sa vérité deviennent un fonds de sens logique fait de propositions logiques. Il s'ensuit que toutes les vérités extra-logiques, extra-cognitives, toutes les vérités de l'affectivité et de la volonté, se réfléchissent dans la forme de la vérité logique, et au plus haut point dans la science, et elles peuvent alors devenir elles aussi le thème de sciences axiologiques, de sciences éthiques.

Dans la sphère de l'énonciation, celle du *logos*, du jugement conceptualisant, tout se présente donc avec un aspect uniforme, un aspect conforme à la connaissance. Les énoncés ont cependant de ce fait une teneur conceptuelle qui provient *d'origines radicalement différentes* : elle a pour partie une origine qui est de l'ordre de la connaissance, et pour une autre une origine extérieure à la connaissance ; et dans le premier cas, il y a même encore deux origines radicalement différentes. Par principe, les propositions énonciatives se séparent pour nous en propositions dont les concepts déterminants sont des *concepts normatifs* et en propositions qui ne contiennent pas de tels concepts normatifs, dont les concepts sont simplement des « *concepts relatifs à des objets* ». Les propositions énonciatives, les jugements déterminants de façon conceptuelle, se divisent donc en propositions *normatives* et en propositions *simplement objectives*[1]. Il s'agit tout d'abord d'une

1. Les prédicats objectifs par opposition aux prédicats normatifs.

différence radicale du pur point de vue de la connaissance : une proposition énonciative est-elle, du point de vue de la connaissance, normative ou non ? Prédique-t-elle par exemple la vérité ou la fausseté logiques, l'existence ou la non-existence véritables, ou son contenu énoncé exclut-il tout concept de ce genre ? De tels concepts ne sont pas des concepts spécifiques comme les concepts « rouge » ou « rond » ; ces deux types de concepts ne sont pas sur un pied d'égalité. Car peu importe ce qui est prédiqué, partout où est accomplie une position de connaissance, nous trouvons | en quelque sorte la possibilité imminente et **280**
constamment ouverte de mettre en question le droit de la connaissance, de mettre en question l'être véritable de ce qui est posé. Il s'ensuit que toute proposition qui est posée, même si elle ne contient pas de prédicats normatifs, peut en tant que tout et selon ses composantes être incluse dans une prédication normative. Et cela vaut aussi, à un plus haut niveau, pour cette dernière prédication : le prédicat « vrai » et le prédicat « faux », que nous affirmons, sont aussi des sens posés, il est donc possible de se demander si c'est quelque chose de véritablement « vrai » ou « faux », et ainsi de suite à l'infini.

Évidemment, pour le sujet connaissant, *avoir* une teneur normative *donnée* en son caractère normatif et *énoncer* normativement quelque chose à ce sujet sont deux choses distinctes. Conséquemment, *la teneur doctrinale* qui est propre à une science (ou sa *teneur* proprement théorique) se sépare de sa *teneur critique*[1] ; et ce, bien que la doctrine et la critique aillent toujours main dans la main. Pour le dire idéalement, la science est un système de vérités qui sont originairement acquises en leur caractère normatif

1. La teneur doctrinale d'une science et sa teneur critique.

par des sujets qui produisent la science pas à pas. Toutes les propositions leur ont été données en leur vérité grâce à l'évidence. Les vérités acquises avec le caractère normatif propre à chaque champ de connaissances font la teneur doctrinale de la science : les principes et théorèmes, les preuves et théories. Mais dans leur teneur prédicative, nous ne trouvons aucun des prédicats suivants : « proposition vraie », « concept correct », « prémisse correcte », « conséquence correcte », etc. D'un autre côté, l'acquisition de la vérité ne tombe justement pas du ciel. Il faut en avoir l'intention, il est besoin d'une critique et d'un jugement critique, d'une réflexion critique afin de savoir si et jusqu'à quel point la vérité que l'on aurait aperçue est bel et bien vérité, jusqu'à quel point la théorie affirmée par autrui est une théorie vraie, etc. Les critiques décident ainsi de la teneur durable des écrits scientifiques, tout comme aussi les critiques des critiques, les jugements normatifs étant ensuite à nouveau jugés normativement[1].

En tant que telle, la prédication normative peut maintenant devenir *le champ d'une science particulière.* Ce champ devient donc le thème de recherches qui consistent à connaître quelles sont les lois fondatrices dans le rapport d'essence entre la proposition cognitive (en tant que simple sens) et la norme de la connaissance, et avant tout entre
281 | la proposition logique et la norme logique. En d'autres termes, la science normative de la connaissance qui règne sur toutes les autres sciences, c'est-à-dire la *logique*, résulte de la recherche des lois qui régissent le caractère normatif de toute connaissance possible, de toutes les propositions que l'on peut trouver en elles. La logique contient les principes qui guident toute critique de la science et elle

1. Il faudrait donc aussi qualifier ces jugements normatifs de jugements critiques.

sert ainsi elle-même à la critique. Elle établit quels sont les principes normatifs pour la vérité des propositions déterminantes de chaque niveau et quels sont les principes normatifs pour la possibilité, c'est-à-dire l'effectivité possible, d'objets en général [1]. En dernier lieu, elle dit ce sans quoi une objectité quelconque, en tant qu'objectité qui doit être posée dans des positions de connaissance simples, ne peut pas être pensée si elle doit pouvoir être une objectité véritablement étante. Nous pouvons finalement également inclure sous ce point de vue toutes les théories formelles des objets, au sein desquelles l'ensemble de la mathématique formelle trouve d'ailleurs sa place [2].

Pour autant que ces disciplines normatives (comme la logique des énoncés déterminants et la logique de l'être objectuel possible) se limitent à questionner la normation de la connaissance et qu'elles traitent seulement, dans une généralité dite formelle, des propositions énonciatives déterminantes en général et <des> objets en général qui sont déterminables en elles, toutes les normations de la sphère de l'affectivité et de la volonté sont exclues de leur champ d'études. Aucun objet déterminé en son contenu, aucun type d'objet déterminé, n'intervient ici ; n'intervient que le concept d'objet en général, en tant qu'objet quelconque pouvant être posé en un rayon unique, et que les figures ou les formes qui appartiennent *a priori* aux propositions déterminantes et d'après lesquelles il est

1. « En général », en une généralité « formelle ». Il en résulte donc une ontologie formelle. Mais entrent ensuite en ligne de compte les régions « matérielles », la nature, l'esprit, etc., et de ce fait aussi les ontologies « matérielles », suivant leurs régions pures et connaissables formellement, etc.

2. *Cf.* Appendice XV : « <Notes> à propos des sciences de l'être et des sciences normatives. Le sens de l'ontologie formelle », *infra*, p. 155 – NdE.

toujours à nouveau possible de façonner des formes de niveau supérieur.

Si nous prenons maintenant en considération les propositions cognitives particulières qui, dans leur contenu et selon n'importe quelle forme logique, permettent d'exprimer *les propositions de la sphère de l'affectivité et de la volonté* et donc aussi les valeurs et les biens objectuels, les fins, etc., alors se répète, seulement recouvert d'un
282 aspect logique, tout ce que nous | avons dit précédemment. Interviennent ici en même temps des énoncés normatifs qui contiennent de *nouveaux concepts normatifs* qui se réfèrent aux sens qui sont en question dans la sphère de l'affectivité et de la volonté, sens qui sont ici cependant saisis théoriquement grâce à des concepts comme « valeur », « but », « moyen », « œuvre », « agir », etc. Nous sommes à présent face à un *nouveau partage* : il y a des propositions qui ne déterminent à partir d'aucun prédicat normatif axiologique et pratique, et il y en a d'autres qui le font, et qui sont donc normatives au sein de la sphère axiologique et pratique.

Revenons à la subjectivité vivante, aux sujets égoïques qui ne font pas que connaître, faire l'expérience et déterminer l'expérience, mais qui (et il ne peut par essence pas en aller autrement) sont aussi continuellement affectés [*affiziert*] par leurs objets dans leur sentiment, leur désir et leur effort pratique et qui sont déterminés à activement évaluer de façon déterminante, à se-décider et à agir pratiquement. Ce qui manque ici c'est évidemment une configuration se formant continuellement jusqu'à l'infini et qui serait analogue à la science[1]. *Idéellement*, nous pourrions construire la possibilité analogue suivante :

1. *A contrario* : début de la prochaine leçon <= § 7>.

Imaginons un *ego* évaluant et éventuellement aussi une communauté d'*ego* en tant que communauté qui évalue en communauté, communauté qui ne fait pas qu'évaluer en général, mais s'assure plutôt à chaque pas de l'authenticité, de la vérité, de la valeur, que ce soit de la valeur simple ou des propositions axiologiques déterminantes de n'importe quel niveau. Il en va de même au sein de la *praxis*. Si un tel sujet ou une telle communauté d'*ego* vont jusqu'à transformer toutes les valeurs et les biens pratiques vrais, tous les contenus axiologiques et les contenus pratiques, en champ de connaissances et de prédications évidentes, alors ils sont en possession d'un monde de vraies valeurs et de vrais biens qui s'accroît sans cesse et qui existe aussi pour la connaissance en tant que monde d'objets. Pour le dire plus exactement, un tel sujet n'a pas seulement un monde devant lui, mais les objets ont aussi des caractères provenant des déterminations axiologiques et pratiques qui font partie d'eux à titre d'objets, qui leur reviennent en vérité entièrement. Tout ceci est éventuellement aussi conceptualisé et saisi sous forme de vérité logique. La vérité logique exprime et reflète ensuite la vérité axiologique et pratique en tant que vérité incluse en elle. Dans ce monde, une œuvre d'art n'est pas seulement visée en tant qu'œuvre et en tant qu'incarnation d'une | formation **283**
esthétique idéale, mais elle s'atteste aussi en tant que telle. Et pas seulement par des fonctions de l'ordre de l'affectivité et de la volonté : elle est aussi saisie dans la connaissance, déterminée par des concepts logiques, exprimée dans des propositions énonciatives qui disent sous forme de vérité logique quelque chose de l'œuvre esthétique. En même temps, cette vérité logique, qui porte sur le fait que cette œuvre a telle et telle teneur esthétique et qu'elle est légitime

d'un point de vue esthétique, présuppose au fond d'elle-même et prélogiquement que le caractère authentique de la formation axiologique est ressenti, qu'il est donné sous forme d'évidence dans le médium esthétique lui-même, dans le médium du sentiment, et c'est cela la vérité esthétique.

Dans la vie quotidienne, dans la vie de l'humanité au stade actuel de son développement, le vécu de l'ordre du sentiment et de la volonté est, tout comme l'est le vécu de connaissance pour les hommes qui sont en dehors de la science, une intrication de simples actes de considérer-comme-valeur, de considérer-comme-bien [*von bloßem Für-wert-Halten und Für-gut-Halten*] ; des préhensions de valeurs et des comportements volitifs s'y singularisent et s'accompagnent de caractères normatifs propres à leur teneur de sens. Ce qui fait ici défaut, c'est la possibilité pour l'intention qui se dirige vers la normativité [*Normalität*] de produire ses effets de façon conséquente. Ce qui fait également défaut, nous semble-t-il (*cf.* cependant la prochaine leçon <= § 7>), c'est le développement conséquent, selon un ordre systématiquement unifié, de formations axiologiques et volitives idéales qui puissent pleinement valoir comme des formations qui seraient parallèles aux sciences rigoureuses. Mais d'un autre côté, l'intention qui se dirige vers la normativité ne fait pas non plus défaut ici, et elle ne peut tout simplement pas faire défaut. Nous la trouvons sous la figure de l'effort éthique sérieux, qui pour sa part présuppose le sérieux de l'effort dirigé, dans le vécu évaluatif, vers l'acquisition originaire de valeurs authentiques.

<§ 7. *La subordination réciproque des sciences normatives principielles. La question des types de normes auxquelles peuvent être soumis les domaines scientifiques délimitables au sein du monde ambiant*>[1]

Nous avons examiné l'homme dans sa vie cognitive, sa vie évaluative et sa vie volitive, et nous avons montré comment la vie évaluative et la vie pratique se réfléchissent dans la vie cognitive et dans ses effectuations. À cet égard,
nous disions | que cette activité variée de l'esprit est très 284
souvent portée par l'intention d'atteindre la vérité et ensuite guidée par la critique, mais qu'elle est loin d'être maîtrisée avec succès.

Les intentions rationnelles qui se dirigent vers la connaissance nous conduisent certes à la science en tant que système fondé sur la critique et constitué d'effectuations cognitives entièrement conformes aux normes, en tant que système de vérités entièrement puisées dans l'intuition. J'ai dit pour conclure que dans la sphère de l'affectivité et de la volonté, nous n'avions rien qui est parfaitement parallèle à cette science. Disant cela, je suis allé un peu trop loin, bien que l'avantage de l'objectivité de la science soit évident. Nous pourrions en effet porter notre attention sur les différentes branches de l'art dont les configurations axiologiques remplissent des intentions esthétiques[2]. Ce sont des configurations artistiques rationnelles, tout comme la science qui non seulement comporte en son sein une vérité théorique, mais est aussi une œuvre qui naît à partir de la raison pratique conséquente d'une humanité en recherche. Nous pourrions aussi porter notre attention sur

1. *Cf.* Appendice XVI : « Notes à propos de la normation des matières et des objets », *infra*, p. 158 – NdE.

2. Mais ce n'est pas l'unité d'un système.

les différentes branches de la technique comprises en tant que domaines d'une raison pratique systématique.

Finalement, en guise de forme de raison pratique la plus haute, qui norme d'après les idées du devoir absolu le plus élevé, nous pouvons signaler les personnalités purement éthiques, au sein desquelles cette raison éthique produit ses effets de façon conséquente dans l'unité d'une vie, et suivant une perfection qui ne rattache systématiquement les uns aux autres que des actes pratiques rationnels.

Quoi qu'il en soit, dans le cours de la vie de l'humanité, la normativité n'est consciente et fermement maintenue que de façon sporadique. Dans son ensemble, la vie de l'humanité se déroule comme une vie connaissante, évaluante et pratique qui n'est pas conforme aux normes, de sorte qu'en règle générale, l'intention en question et donc la critique normative n'y jouent aucun rôle. Mais elle pourrait en tout cas jouer un rôle, la *critique normative pourrait être thématisée scientifiquement*, et ce, pas seulement (comme dans la sphère de la connaissance) sous la forme d'une *logique**. Puisque toutes les formations de sens et toute normativité [*Normalität*] ou toute anormativité [*Anomalität*] appartenant à la sphère de l'affectivité et de la volonté peuvent être projetées dans le domaine de l'être connaissable, de nouvelles sciences deviennent possibles : elles étudient les connexions aprioriques entre le sens
285 appartenant à la | sphère de l'affectivité et de la volonté et ses normes, le tout selon une généralité principielle, donc à nouveau formelle. Les sciences normatives et formelles que sont l'*axiologie* et l'*éthique* (ou la *pratique*) découlent donc de cette possibilité. En tant que sciences, elles sont d'un côté subordonnées à la logique et à sa critique

* *Cf.* Variante, *infra*, p. 188.

principielle de la vérité ; de l'autre, elles lui sont parallèles, et ce parce que le thème qui leur est propre appartient à des domaines d'actes parallèles et que leur subordination critique n'est due qu'à leur réfléchissement. À bien y regarder, la subordination est même par principe une subordination réciproque. Car la science, en tant qu'œuvre de l'*ego* qui connaît activement et qui veut acquérir des vérités, présuppose que l'*ego* évalue la vérité, la théorie et la science en tant qu'acquisitions, et qu'il y aspire à titre de bien pratique. Ce sont donc des lois d'essence axiologiques et pratiques qui soutiennent la légitimité de cette évaluation et de cette aspiration.

Les sciences normatives principielles ne sont pas les seules sciences normatives ; elles ne sont que les sciences des principes de toutes les normations possibles, de l'ensemble formel de toutes les normations déterminées possibles. Toutes les autres sciences normatives se rapportent donc à elles. Mais que sont donc ces sciences normatives ? *

Limitons-nous aux sciences empiriques qui se réfèrent toutes au monde ambiant des existants individuels qui nous est donné intuitivement, et posons-nous la question suivante [1] : dans quelle mesure les domaines scientifiques qui peuvent par principe être délimités dans le monde ambiant sont-ils sujets à une normation ? Sont-ils tous sujets aussi bien à une normation logique qu'à une normation axiologique et éthico-pratique ? Toutes les sciences sont évidemment sujettes à une normation logique (à une normation appartenant par principe au domaine de la connaissance) dans la mesure où il y est question d'objets

* *Cf.* Variante, *infra*, p. 189.

1. Passage <aux> sciences de la nature et <aux> sciences de l'esprit.

qui sont véritablement, appartenant à un monde qui est véritablement, et de leur détermination logique dans des vérités continuellement intuitionnables [*einsehbaren*] [1].

Nous savons déjà que les prédicats normatifs, les prédicats de la vérité, de la justesse, n'appartiennent originairement qu'au sens ; les objets présumés, les
286 propositions déterminantes présumées, les | valeurs et les états de valeur présumés, et ainsi de suite, sont du sens mais ne sont pas en eux-mêmes des réalités. Mais médiatement, parce qu'il entre en rapport avec du sens, quelque chose de réal peut également être normé. Comme nous le savons déjà, il peut d'un côté l'être au moyen de la transposition des prédicats normatifs des propositions vraies ou non-vraies aux actes de l'*ego*. Mais il y a également une autre forme de normation médiate. En effet, les objets effectifs, en tant qu'objets déjà effectivement saisis dans la connaissance, reçoivent des prédicats normatifs lorsque des évaluations ou des propositions logiques ou déterminantes leur <attribuent> une teneur de sens.

La question est maintenant de savoir ce qu'il en est de ce point de vue du monde ambiant qui nous est à chaque fois donné : dans quelle mesure ce monde, en vertu du sens avec lequel il nous est à chaque fois donné, est-il sujet à des prédications normatives ? Et quelles sont les sciences empiriques qui sont possibles avant et après la normation, qu'il s'agisse de sciences non-normatives ou de sciences normatives ? Pour ce faire, regardons d'abord les sciences qui sont spécifiquement qualifiées de « *sciences de la nature* » par comparaison aux sciences qui sont qualifiées de « *sciences de l'esprit* » et, parmi celles-ci, <les>

1. Mais cela correspond à la normation des sciences en tant que sciences et non pas à la normation des domaines.

« sciences de la culture ». En tant que sciences, elles sont évidemment toutes subordonnées à la prédication logico-normative, à la critique logique. Mais que veut-on dire lorsque l'on affirme, comme on le fait souvent, que la nature est la sphère de ce qui est neutre d'un point de vue axiologique ? Et comment se fait-il que dans les sciences de la nature, la seule normation qui soit possible et manifestement accomplie soit la normation de la connaissance, c'est-à-dire celle qui porte sur la vérité et la fausseté, sur l'existant-véritablement et le non-existant ? Comment se fait-il que les sciences qui sont qualifiées de sciences de la culture ou de l'esprit autorisent non seulement des normations qui ont trait à la connaissance, mais aussi des normations qui ont trait à des principes axiologiques et pratiques ? Que l'axiologie et surtout l'éthique soient si importantes, en tant que sciences critiques principielles, pour ces sciences ? Et en quoi les sciences empiriques de l'esprit qui ne sont pas normatives se distinguent-elles malgré tout des sciences empiriques de l'esprit qui sont normatives ? Pour faire la lumière sur ces questions, il faut d'abord radicalement clarifier et faire pleinement comprendre quelle est la différence entre les sciences de la nature et les sciences de l'esprit.

| <§ 8. *L'obtention d'un premier concept de l'expérience* **287**
pure et de ses objets par la déconstruction des couches de savoir>

Commençons par le fait qui représente l'unique point de départ possible pour toute méditation philosophique : je suis et me trouve rapporté à mon monde ambiant qui est, pour moi, celui que j'intuitionne, que je conserve en souvenir, qui est <ce> en tant que quoi je le vois, ce comme quoi il a pour moi une signification. Poursuivre le déploiement explicite de ce fait et de tout ce qui s'y trouve compris serait une tâche en soi. Du reste, il ne s'agit pas d'un simple *factum*. Car je reconnais aussitôt que par une nécessité d'essence, je ne peux me penser (ni penser un *ego* en général) sans relation à un monde ambiant qui m'appartienne et qui soit pourvu d'un certain sens dans ma conscience. Considérons l'*ego* – qui relève manifestement de ce fait eidétique – comme *ego* purement et librement connaissant ; ce n'est que par des connaissances, que grâce à des connaissances et aux sens qui leur sont inhérents qu'il y a pour l'*ego* des objets, et par suite un monde. Si nous choisissons un moment quelconque de la vie de l'*ego* en tant que vie de connaissance, ces objets s'y trouvent tout d'abord comme donnés, précédant toute action cognitive ultérieure, tout acte égoïque spécifique de saisir, de déterminer, de conceptualiser, d'énoncer. Si, au moment en question, de tels actes sont accomplis, alors ils présupposent déjà nécessairement des objets comme donnés. Une *conscience prédonatrice est* donc *présupposée* : elle les a déjà présentés à l'*ego* actif à la façon d'une affection [*Affektion*], et son premier pas actif est nécessairement la saisie. Sans nous engager plus avant, nous pouvons indiquer qu'au commencement de la connaissance, nous trouvons en tout cas l'expérience qui s'empare d'une effectivité objectale et qui est soit un acte de perception soit un acte qui renvoie en lui-même à des perceptions, comme le souvenir ou l'attente simples.

Dans le flux de la vie de connaissance, et avant toute détermination et toute conceptualisation judicatives, les objets dont on fait l'expérience se maintiennent en tant qu'objets identiques dans la continuité de l'écoulement concordant de l'expérience et c'est précisément ainsi qu'ils conservent leur effectivité indépendamment de toute activité

propre au sujet connaissant (dans le cas contraire, celui de la discordance, les objets de l'expérience reçoivent le caractère de la simple apparence, le caractère normatif « effectivement » se | change en l'effectivement biffé, le 288
« nul et non avenu »). Sous la forme d'expériences, de ces actes de connaissance qui se contentent de poser, nous avons *connaissance* [Kenntnis] d'objets réaux mais nous n'en avons pas encore *une connaissance* [Erkenntnis] au sens supérieur et éminent. Pour qu'elle devienne possible, il faut déjà qu'il y ait connaissance [*Kenntnis*], et elle consiste alors en ce que le processus des actes de connaissance déterminants s'engage, que l'objet dont il y a expérience est déterminé, c'est-à-dire conçu par le moyen de concepts, et que tout le jeu des effectuations logiques se déroule à des degrés toujours plus hauts. Bien entendu, cette connaissance conceptualisante n'est en aucun cas toujours évidente ni concordante dans son enchaînement. Mais nous laissons tout d'abord de côté la question de la vérité et portons plutôt notre attention sur ce qui suit : dans le progrès de l'action cognitive déterminante, l'objet prédonné et dont l'*ego* prend connaissance [*Kenntnis*] reçoit à chaque fois pour lui une *teneur spirituelle* toujours nouvelle, ne cessant de s'enrichir, et à vrai dire (nous ne parlons à présent que des effectuations de l'ordre de la connaissance) une *teneur logique*.

Nous voulons dire par là que le procès de l'activité de détermination judicative n'est pas un processus indifférent, qui passe et s'écoule sans effet. De même que déjà l'objet, grâce à l'expérience, ne se présente pas comme un sens momentané mais s'incorpore plutôt à l'*ego* sur le mode de l'habituel et devient nécessairement un objet permanent que l'*ego* peut toujours ressaisir de nouveau comme le même objet, de même en va-t-il pour les actes, ou plutôt

pour leur teneur de position. Le procès de l'activité judicative se concentre sur l'objet habituel dans l'unité des effectuations habituelles. Tout jugement qui détermine l'objet d'une nouvelle manière possède un *résultat permanent* : la détermination qui a été accomplie se dépose à même l'objet et lui demeure attachée sur le mode de l'habituel. Désormais, le sujet en question regarde l'objet – même s'il y revient après une interruption dans la donation de l'expérience et dans la donation en général – comme objet pourvu de ces prédicats qui lui reviennent en vertu de la connaissance judicative. C'est-à-dire que la nouvelle prise de connaissance [*Kenntnisnahme*], même s'il s'agit d'une perception, possède une teneur de sens essentiellement autre que celle des précédentes perceptions [1]. Nous pouvons
289 dire aussi que | *l'objet est à présent prédonné avec une nouvelle teneur de sens*, que le sédiment de la donation active de sens, de l'attribution prédicative antérieure d'un prédicat, est à présent une composante du sens d'appréhension de la perception sans qu'il fasse à présent l'objet d'une prédication effective. (Toute normativité relevant de la connaissance passe aussi, quelle qu'elle soit, dans le domaine de l'habituel en tant que sédiment. Si la prédication était évidente, comme c'est le cas du jugement de perception qui établit descriptivement, alors ce sédiment reçoit un autre sens que dans le cas où un prédicat a été attribué par exemple sous la forme d'une transposition analogique et sans soubassement effectif dans l'expérience.)

Il faut encore prêter attention au fait que si nous prenons une communauté humaine dont les sujets parviennent, dans leurs jugements déterminants, à des convictions semblables (tout comme ils s'accordent normalement

1. Cf. *supra*, p. 87 *sq*. – NdE.

[*normal*] dans leur expérience) et si nous considérons alors tout particulièrement les traditions de part et d'autre, la reprise (par autorité, par ouï-dire ou autre) des jugements de l'un par l'autre, alors nous parvenons à comprendre la formation d'un monde ambiant commun de la connaissance comprenant des composantes objectuelles d'expérience et de savoir communes [1].

Tous ces accroissements du sens renvoient en eux-mêmes aux actes antérieurs, originairement donateurs de sens. Tout objet de mon monde ambiant est altéré d'une certaine manière par mon activité de connaissance dans la mesure où il ne cesse de recevoir de nouvelles teneurs de sens prédicatives. Mais quelle que soit l'immédiateté dans laquelle je le saisis de nouveau (dans laquelle j'en prends connaissance au sein d'un acte à rayon unique et en dispose tout simplement comme d'un objet ayant précisément ce sens non explicité), il m'est par essence possible d'interroger son sens : je peux accomplir une analyse intentionnelle de ce sens et il m'est naturellement possible, à cette occasion aussi, *de connaître et de défaire toutes ces couches de sens qui ont été attribuées à partir de prédications antérieures*. Mais ce n'est pas tout. La motivation passive qui règne constamment sous le titre de l'« aperception » et se saisit des formations de sens constituées produit elle aussi des attributions de sens, en vertu du fait que j'appréhende aussitôt les objets nouveaux ou semblables qui se présentent à moi en un sens similaire ou semblable à l'objet auquel j'avais originairement attribué un | sens prédicatif. Les **290**
nouveaux objets ont donc pour moi d'emblée une teneur prédicative que je ne leur ai pourtant jamais attachée : je

1. Sur ce point, *cf.* Appendice XVII : « L'expérience naturelle et la teneur de sens de ses objets », *infra*, p. 159 *sq.* – NdE.

ne les ai jamais eux-mêmes déterminés prédicativement. Si je vois qu'un morceau de fer se met à rougeoyer dans le feu, alors n'importe quel autre morceau de fer possède aussi d'emblée pour moi le sens prédicatif de quelque chose qui se comporte ainsi dans le feu[1]. Mais là aussi, l'analyse intentionnelle reconduit à l'origine du sens.

Il en résulte toutefois qu'en défaisant ces couches de sens qui proviennent d'actes prédicatifs, nous devons nécessairement, pour tout ce dont on prend connaissance et corrélativement pour tout objet du monde ambiant, en revenir finalement à un noyau, à l'objet précédant toute prédication, précédant toute pensée qui conceptualise ou détermine d'une manière ou d'une autre. Cela détermine simultanément la *pure prise de connaissance* et, eu égard aux actes de position intuitive que sont les perceptions, les souvenirs et autres, un *premier concept de l'expérience pure* et, ce faisant, un concept de l'*objet de l'expérience pure*[2]. Le terme « savoir » désigne les couches d'actes et de sens qui se sont déposées par-dessus, savoir qui peut naturellement être tantôt présumé, tantôt authentique. Pour le sujet connaissant, le monde ambiant est donné comme un *monde du savoir*. Il renferme un *monde d'expérience pure*, qui désigne toutefois une simple structure du monde ambiant donné, structure qui doit tout d'abord être dégagée par déconstruction des couches de savoir. Il ne s'agit pas, cependant, d'un processus d'abstraction conceptuelle puisqu'une expérience pure doit être possible *a priori*[3].

1. Un peu trop simple.

2. Un premier concept d'expérience pure.

3. *Cf.* Appendice XVIII : « Le monde donné dans une expérience pure (dans une pure prise de connaissance) et dans des couches de savoir », *infra*, p. 162 *sq.* – NdE.

Une détermination prédicative ne peut pas renvoyer *in infinitum* à ce qui est déjà prédicativement déterminé. Une donation originaire dépourvue de teneur de sens logico-aperceptive doit pouvoir être possible. Cependant, il faut introduire à présent un important complément, qui montrera en même temps que ce premier concept d'expérience pure n'est pas le concept ultime.

| <§ 9. *La méthode de la déconstruction et le monde* 291
déconstruit de l'expérience pure comme couche abstractive inférieure du monde ambiant donné concrètement> [1]

Il nous faut à présent prendre en considération le fait que l'affectivité et la volonté sont également parties prenantes de la constitution du monde ambiant. Rien ne peut exister pour moi autrement que par la donation de sens que ma conscience porte en soi, produit en soi et ne cesse de façonner en soi. Mais si c'est dans cette opération de production de sens que des objets ainsi qu'un monde entier existent pour moi, alors mon acte de ressentir et mon acte de vouloir prennent également part aux configurations les plus variées relevant de ces domaines d'actes ; et ce, bien que les actes du sentir et du vouloir présupposent déjà des fonctions de connaissance (puisqu'il faut bien que je sois déjà conscient des objets pour qu'ils puissent toucher mon sentiment).

Choisissons de nouveau un moment quelconque de la vie de l'*ego* : des fonctions de conscience de toutes les classes ont naturellement déjà œuvré à la donation de sens. Mais même s'il est possible que nous n'en sachions encore

1. Pour cet alinéa, *cf.* Appendice XIX : « Y a-t-il des affections [*Gemütsaffektionen*] produites par des objets passivement prédonnés avec une coloration du sentiment ? », *infra*, p. 167 *sq.* – NdE.

rien, nous pouvons néanmoins, en aval, suivre et comprendre à la fois la façon dont l'affectivité opère sur ce qui est déjà donné, pour rétrocéder ensuite en amont, grâce à la *méthode de la déconstruction*, jusqu'aux structures pures. À un moment donné, dans son monde ambiant donné, l'*ego* se tourne donc dans un comportement relevant du sentir vers un objet prédonné quelconque et l'évalue. Par exemple : nous goûtons pour la première fois un fruit exotique et nous nous absorbons (dans la conscience de ressentir, dans des actes singuliers du sentiment) dans le goût ; nous exerçons alors des actes d'évaluation déterminante.

Naturellement, et comme nous le ferons aussi volontiers, au lieu de vivre complètement dans le sentiment et, dans la conscience qui évalue, d'expliciter, d'évaluer de façon déterminante la valeur qui est saisie, nous pouvons aussi en prendre connaissance dans une attitude de connaissance et accomplir des actes de pensée, des descriptions, des déterminations conformes à la connaissance et que nous voulons retenir, etc. Dans tous les cas, un nouveau sens issu des évaluations appartient désormais pour nous à chaque fruit de ce type, et si nous avions déjà une connaissance de son goût en général et de sa valeur gustative
292 | avant une telle opération d'évaluation et de détermination axiologique, son sens axiologique s'est maintenant renouvelé. *Ici* aussi, *tout passe dans le domaine de l'habituel.*

Il est manifeste que tout acte relationnel et déterminant d'évaluation nous renvoie à un acte simple d'évaluation qui correspond, au sein de la sphère de la connaissance, à l'acte simple de faire l'expérience. Et dans le cas présent aussi nous avons la *distinction entre la donnée qui saisit et la prédonnée qui affecte*. Les objets auxquels je ne prête pas attention possèdent déjà des caractères qui relèvent du sentiment. Mais même un objet auquel je prête attention, bien que je me laisse entièrement absorber en lui théoriquement, peut susciter mon sentiment tandis qu'en tant qu'*ego* qui sent, qui évalue, je ne suis tourné vers lui dans aucun sentir actif. Il est tout de même là pour l'*ego* qui sent, il exerce son affection et je finis par me tourner vers lui dans une *activité du sentiment*, me *consacrant à la valeur* tout comme je me consacre à une chose en tant qu'objet lorsque je me tourne vers elle théoriquement. Dans les deux cas, nous sommes en présence de positions [*Positionen, Setzungen*] simples. Nous avons pour ainsi dire une prise de connaissance immédiate de la valeur, ou plutôt de l'objet caractérisé en sa valeur, une *préhension de valeur* simple, comme nous le disions [1]. Puisque le caractère qui relève du sentiment apparaît à la façon dont il est fondé par des moments de l'objet (reposant sur eux et, par ce biais, sur l'objet), il se lie à l'objet lui-même (ou bien à la teneur de sens de l'objet) tantôt comme une coloration passagère du sentiment, tantôt comme un fonds durable.

Par conséquent, les *objets du monde ambiant* se présentent à nous *avec des couches axiologiques* et d'une manière telle qu'ils sont là avant toute détermination, dans une prise de connaissance simple, avec des teneurs cognitives et affectives distinctes mais non explicitées. Et de même qu'une détermination prédicative et théorique s'édifie sur ce fondement, de même une préhension de valeur et une relation axiologique déterminante. En même

1. Passage omis. Partout manque la distinction entre explication [*Explikation*] et détermination conceptuelle. L'acte « déterminant » d'évaluation est un acte d'explicitation [*Explizieren*], d'explicitation évaluative en tant qu'*analogon* de l'explicitation objective, celle de l'expérience.

temps, les déterminations axiologiques ne cessent de passer dans le domaine de l'habituel. Par exemple, l'expérience ou le savoir du fait qu'une bague a appartenu à une personne chère fonde, au sein d'une évaluation déterminante de l'objet et en vertu de cette relation, une valeur d'affection
293 [*Affektionswert*] ; | cet objet sera désormais saisi au sein d'un acte simple : il possède son caractère axiologique habituel, exactement comme une valeur en soi [*Selbstwert*].

Ici aussi, il faut prendre à présent en considération les *processus de tradition* qui, pour ce qui est de leur typique, sont soumis à des lois d'essence : les formations axiologiques qu'un sujet a développées en lui et transmises à ses camarades dans la communauté, sous la forme de l'influence mutuelle qui va de pair avec la compréhension mutuelle, l'éducation, etc. Un *monde axiologique commun* se constitue, un fond de donation commune de sens pour le monde dont il y a une connaissance commune malgré les différences individuelles.

Ainsi les objets du monde ambiant reçoivent-ils, de la part de l'affectivité, un sens toujours nouveau, qui leur demeure attaché de façon plus ou moins ferme et au sein duquel ils sont immédiatement accueillis. Les actes de l'expérience grâce auxquels les objets sont immédiatement saisis comme étant comportent déjà ces accroissements de sens, toujours prêts à s'expliciter. Et à plus forte raison ensuite l'impressionnante profusion des caractères de signification provenant de la donation de sens des fonctions volitives. Tous les objets qu'on désigne sous le titre de « *culture* » relèvent d'une telle donation de sens : les objets d'usage quotidiens, les maisons, les rues, les allées arborées, les jardins, les champs, les forêts bien entretenues, les voies ferrées, les machines, etc.

La fondation des fonctions volitives dans des fonctions axiologiques s'intègre naturellement au sens de ces choses : ce sont des choses et des figures utiles, des œuvres et des outils en vertu de certaines évaluations, ou encore en vertu de certaines valeurs auxquelles on aspire pour elles-mêmes ou à titre de moyen. L'œuvre d'art est une configuration appelée à objectiver une valeur esthétique. Cette valeur est comprise et éventuellement explicitée dans un acte d'évaluation venant après coup. D'un autre côté, l'œuvre est immédiatement appréhendée en tant qu'œuvre : c'est en tant que telle qu'elle se tient dans l'expérience.

Si le processus produit ainsi des donations de sens toujours nouvelles pour un monde ambiant déjà informé par du sens (un changement et un enrichissement incessants du sens), alors d'un autre côté, les sédimentations habituelles du sens peuvent à tout moment être interrogées quant à leur origine, quant à leur donation de sens constitutive. L'intentionnalité qui s'est déposée à même le sens de ce qui est donné dans une expérience simple peut être développée, actualisée. C'est en cela que consiste le *processus de clarification du sens*, le processus qui produit
| l'évidence du sens originaire ; la compréhension passive 294
(comme elle peut avoir lieu par exemple dans le cas d'un mot, d'une proposition, d'un discours) peut être transformée en une compréhension active. Par conséquent, pour toute couche de sens, tout domaine de conscience, et en demeurant dans une perspective tout à fait générale, nous pouvons accomplir une *déconstruction systématique*, similaire à celle que nous avons accomplie précédemment pour les prestations du savoir, les prestations de la raison logique (effective ou prétendue). De la même manière, nous pouvons déconstruire les prestations de sens de la raison axiologique et pratique (effective ou prétendue). Nous déconstruisons

tout ce qui provient d'actes spécifiques, d'actes de mise en relation axiologique, de mise en relation et de liaison de l'ordre de la volonté, avec leurs motivations d'actes correspondantes. Du point de vue terminologique, nous pouvons dire que nous élargissons le concept du savoir et que nous l'utilisons pour désigner les sédiments habituels de toutes les couches. Nous parlons alors de composantes logiques, axiologiques et pratiques du savoir. Nous dépouillons [*entkleiden*] le monde ambiant de toutes ces couches de savoir et nous nous rendons aveugles, ce faisant, à tout ce qui provient d'une telle origine.

Mais nous voulons faire davantage. Nous voulons tarir les sources dernières sans lesquelles ne pourrait absolument pas avoir lieu la moindre donation de sens issue de la raison évaluative, issue de tous les actes spécifiques qui peuvent être jugés normativement comme légitimes ou illégitimes. En effet, *toute activité présuppose une passivité*. De même qu'une activité de connaissance présuppose originairement une passivité de connaissance, de même aussi une activité évaluative présuppose une passivité correspondante. Tel est le *sentiment sensible*, qui accompagne déjà la donation et la prédonation les plus primitives de la connaissance, qui colore déjà de sentiment la circonstance perceptive la plus primitive : toute couleur simple, tout son, toute odeur possède, avant toute activité évaluative, un *caractère qui relève du sentiment*, caractère fondé dans quelque chose qui est déjà mais qui ne relève pas du sentiment. Si nous déconstruisons cette coloration, nous obtenons alors des objectités *du niveau le plus profond*. Grâce à notre déconstruction de toutes les couches de savoir – non seulement de tout savoir logique, mais aussi de tout savoir affectif et de tout savoir pratique – le monde ambiant a perdu tout « sens rationnel ». En vertu de l'abstraction de

tout sentiment, il n'y a plus la moindre possibilité de mettre en jeu les types supérieurs d'actes rationnels. Nous avons *un monde artificiellement dépourvu de valeurs et de biens*. De fait, | nous avons bien un monde et non pas rien, bien **295**
que nous reconnaissions qu'il s'agit d'une abstraction, d'un monde qui n'est pas ainsi pensable pour moi puisqu'il est impensable que des objets existent pour un *ego* sans signifier pour lui quoi que ce soit, sans toucher d'aucune manière son sentiment ni susciter ses aspirations ni, s'il s'agit d'un *ego* rationnel, le motiver à des activités correspondantes. Toujours est-il que par cette méthode de déconstruction des couches donatrices de sens dans notre monde (mais aussi dans tout monde ambiant pensable pour un *ego*), c'est une *couche inférieure et close en soi* qui est mise en évidence.

Si* nous procédons ainsi avec l'ensemble de notre monde ambiant, cette couche inférieure ne tardera pas à se déterminer avec suffisamment de précision pour que nous obtenions les *concepts ultimes d'une expérience pure* et d'un *objet pur de l'expérience*. Car quelques pas supplémentaires sont en effet requis. Que trouvons-nous dans le monde ambiant ? Nous trouvons la belle Forêt-Noire avec ses panoramas et ses verts pâturages qu'on apprécie tant, nous trouvons des champs, des maisons, des rues, des pierres, des œuvres d'art, des livres, des machines, des outils ; nous trouvons des animaux et des hommes, parmi ces derniers des officiers, des domestiques, des employés ; mais nous trouvons aussi, étant à leur manière dans notre monde ambiant, des choses comme la langue, les mœurs, la religion, l'Église, l'État, les lois. Une réflexion toute simple montrerait que toutes ces puissances de l'esprit

* *Cf.* Variante, *infra*, p. 190.

objectif sont constituées à même des communautés ou par elles ; elles nous reconduisent donc à des pluralités d'humains liés spirituellement les uns aux autres et qui, de leur côté, incluent et présupposent déjà d'autres objectités ambiantes. Il est manifeste que nous en revenons finalement aux humains singuliers, puis aussi aux animaux et aux choses inanimées parmi lesquelles, contrairement à ce qui se faisait au Moyen Âge, nous avons l'habitude de compter les plantes.

Si nous avons accompli la déconstruction pour ces types élémentaires d'objets du monde ambiant, alors, manifestement, nous l'avons complètement accomplie. Considérons une *chose inanimée*, par exemple un livre avec ses feuilles de papier, ses caractères typographiques, ses mots et la signification de ses propositions, et qui est en outre l'expression linguistique d'une œuvre littéraire. Tout cela a disparu du fait de la déconstruction. Ce qui demeure, c'est le « simple objet naturel » avec ses propriétés purement physiques, un quelque chose déterminé qui a son extension spatiale, des propriétés internes <qui> se déploient sur la figure spatiale, qui durent temporellement, se modifient et, dans cette modification, sont soumises à des lois causales. La conscience qui fait l'expérience, qui vise et donne en soi des choses ayant un sens purement
296 | physique, est l'*expérience physique pure*, l'expérience pure prise au sens de la science physique de la nature, de la science de la nature au sens habituel. Partout où des choses nous sont données dans le monde ambiant, il y a dans l'expérience une couche inférieure de pure expérience de la nature, d'expérience physique, dans laquelle nous nous mettons à vivre dès que nous mettons hors-circuit toutes les couches de savoir. La *pure nature totale* est seulement la couche la plus profonde de notre monde

ambiant complet ; elle ne peut jamais faire défaut, et tout ce qui est éventuellement déjà donné comme « libre de tout savoir » est construit sur cette couche inférieure.

Mais ce sont aussi des animaux et des humains qui nous sont donnés, et pas seulement des choses inanimées, et ils le sont au sein d'une expérience pure et *a fortiori* « libre de tout savoir ». Mais ils nous sont donnés comme des *unités duelles* : en tant qu'objet de l'expérience pure, tout être animal [*animalisches*] est, d'un côté, une chair physique, un objet physique de la nature comme n'importe quel autre. Mais cet objet de la nature est une chair : une âme est entrelacée à elle d'une manière spécifique, c'est-à-dire un sujet égoïque avec son flux de vécus et d'actes égoïques subjectifs. C'est en tant qu'unité duelle que l'être animal est donné dans la donation de sens qui revient en propre à l'expérience pure correspondante, et ce nouveau type d'expérience pure s'appelle l'*expérience animale*. Sa couche inférieure nécessaire est une expérience physique, à savoir celle de l'expérience de la chair comme chose physique. La couche supérieure n'est pas possible sans cette couche inférieure. La subjectivité de l'animal [*tierische*], et par conséquent aussi toute subjectivité humaine, est objectivement donnée comme membre du monde. On en fait l'expérience et l'on ne peut *a priori* en faire l'expérience qu'à la façon d'une subjectivité fondée dans une chair physique. D'autres subjectivités ne peuvent exister pour moi que parce que me sont données dans mon monde ambiant subjectif des chairs physiques auxquelles j'assigne, dans ce qu'on nomme l'empathie, une vie psychique et une subjectivité égoïque. C'est ainsi qu'une compréhension mutuelle devient possible et c'est ainsi seulement que mes objets physiques peuvent être reconnus comme les mêmes que ceux dont les autres font l'expérience sur le fondement des vécus d'expérience qui doivent leur être attribués : dans la compréhension mutuelle, nous nous trouvons rapportés à un monde ambiant physique identique. Dans la mesure où nous pouvons à présent nous appréhender mutuellement comme des êtres charnels-spirituels, nous nous objectivons l'un pour l'autre en tant qu'humains, nous nous appréhendons l'un l'autre non seulement comme des chairs physiques, mais aussi comme des humains au sein d'un monde spatio-temporel – monde qui n'est pas seulement physique mais qui contient aussi en lui des réalités charnelles-psychiques, des animaux et des humains.

297 | Tel est donc le *monde déconstruit de l'expérience pure*, qui est prédonné au sein d'une expérience physique et animale : prédonné en permanence et nécessairement, avant toute saisie, mais prédonné à la manière d'une *couche inférieure abstractive*. Car le monde effectif, le monde prédonné concrètement possède bien en permanence des couches de « savoir » que nous devons résolument défaire et tout d'abord par le moyen d'un retour aux donations de sens.

Dans sa fondation par Galilée et Descartes, la science moderne de la nature a réalisé cette déconstruction d'une manière presque pure et précisément pour la nature physique, mais sans une conscience philosophique de ce qui s'y joue. Ou plutôt, ce sont ces savants qui sont les premiers à avoir découvert la nature physique comme un donné de l'expérience purement physique et à avoir rendu ainsi possible cette science physique de la nature que nous voyons depuis se déployer de façon si stupéfiante.*

* *Cf.* Variante, *infra*, p. 191.

<§ 10. *La science de la nature et la psychologie comme sciences issues d'une expérience pure. L'absurde naturalisation psychologique de l'*ego>

Comment en vient-on à la science de la nature? Engageons nos réflexions de la façon suivante : nous avons reconnu que dans sa complétude, notre monde ambiant comprend constamment un *noyau*, un *monde d'expérience purement physique*. Ce dernier s'atteste constamment et en lui-même, dans la concordance de l'expérience, comme nature physique identique et il voit son évidence s'enrichir. En tant que nature précédant toute pensée et toutes les déterminations issues de la pensée (car elles ont bien été déconstruites), elle est une nature « indéterminée », c'est-à-dire non-conçue, inconnue au sens spécifique du terme. Si nous <nous> fixons pour but de la connaître conceptuellement et dans une constante vision évidente, alors se fait jour pour nous l'idée d'une science se déployant sur le fondement exclusif d'une expérience purement physique; c'est là l'*idée de la science moderne de la nature*. Pour autant que notre monde ambiant de fait contient des composantes de savoir dont le sens se fonde sur une expérience physique et sur des déterminations de cette expérience, ces composantes reçoivent à présent leur justification ou leur contestation définitives. En même temps, se fait jour ici pour nous l'idée pratique d'une transformation du monde eu égard à sa donation de sens logique, consécutivement à laquelle, dans un futur idéal | et grâce à un travail humain au sein du monde ambiant, 298
il n'y aurait plus d'appréhension de la nature en dehors de celle qui, grâce à une science rigoureuse de la nature, aurait reçu son sens conforme à la norme. Cela désigne une tâche humaine infinie; mais seulement à titre provisoire.

En soi, la science de la nature n'est pas une science normative. Naturellement, elle ne se développe que par une constante normation mais son contenu doctrinal n'en laisse rien paraître. De façon caractéristique, la situation est telle, ici, que la nature physique est un royaume dont les composantes ne peuvent en aucune façon être normées puisque seuls le peuvent les sens, les actes égoïques en tant qu'actes donateurs de sens et les objets en tant que porteurs intuitifs de sens. Mais la nature physique est le distillat de l'objectivité, purifié de toute donation intuitive de sens issue de quelque acte que ce soit. D'un autre côté, en tant que nature simplement physique, elle ne contient en soi rien qui renvoie à des sujets ou des actes égoïques. La science de la nature a donc en propre d'être une science de pure connaissance qui, abstraction faite de la normation de la connaissance en vertu de laquelle elle est soumise à la logique et à sa critique générale, ne laisse aucune place pour d'autres types de normations. Nous sommes face à *une pure science d'objets au sens absolu.*

Au lieu de la nature simplement physique, considérons à présent le royaume élargi de l'expérience pure, qui inclut également l'expérience animale. Une nouvelle science devient alors possible en tant que pure science de connaissances : la science de l'*animalité*, par la suite l'*anthropologie* et, rapportée spécialement au versant psychique, la *psychologie*. Et puisque la déconstruction nous a privés de tout prédicat axiologique, nous n'avons affaire ici aussi, conformément au concept d'expérience pure, qu'à des prédicats tirés de l'expérience et constitués au sein d'une connaissance simplement conceptualisante. Mais il est certain que nous ne pouvons plus dire à présent que la teneur de nos objets n'offre aucune possibilité de normation. Il s'agit d'humains qui peuvent accomplir et

accomplissent toutes sortes d'actes, des actes de pensée, des actes évaluatifs, pratiques, qui, comme tels, peuvent être normés en tant que corrects ou incorrects. Mais il est clair que ces normations (qui fonderaient le retour aux sens présumés dans les actes et à leurs vérités) ne peuvent pas relever des sciences en question. De même que la science physique est une science issue d'une expérience pure, de même les sciences présentement en question sont-elles fermement délimitées comme des *sciences issues*
d'une expérience | *pure*. L'expérience qui me donne par **299**
exemple l'existence d'un autre humain ayant telles ou telles convictions politiques, éthiques ou autre, me donne certes ces convictions justement en tant qu'actes de l'autre humain, mais elle n'est pas elle-même l'expérience susceptible de fonder la légitimité de ces convictions. Les objets de celles-ci appartiennent à de tout autres royaumes d'expérience et de tout autres sciences d'expérience, et non pas à ceux de mon expérience purement animale ou de ma science issue purement d'une expérience animale.

Conformément à son sens propre, cette *expérience purement animale* nous donne la vie psychique animale et humaine liée causalement à la chair. De même que le physique est lié causalement au physique et que toute liaison physique a comme telle un sens causal, de même en va-t-il de la liaison entre le physique et le psychique. Cela implique que des changements de certains moments de la charnellité (par exemple dans les organes fonctionnels des sens sous la forme d'un contact, d'une pression, d'un choc sur la peau ou sur l'œil) entraînent certains changements correspondants dans la vie psychique (par exemple dans la vie sensitive), et inversement des changements psychiques entraînent des changements dans la charnellité. Si, en pensée, nous supprimions toute cette causalité relative à la dépendance psychophysique, alors la liaison disparaîtrait elle aussi, elle perdrait son sens. En tant que causale, cette dépendance des changements est une dépendance réglée, et les règles doivent ici être tirées par induction de l'expérience elle-même, et de l'expérience seule. Il faut alors prêter attention au fait que cette *causalité de la nature* (qu'elle soit physique ou psychophysique) se distingue radicalement de la *causalité de la motivation* qui règne purement à l'intérieur de la sphère psychique, de la sphère de la subjectivité immanente. Dans le cas de la causalité motivationnelle, la nécessité de la connexion est une nécessité compréhensible, une nécessité qui, dans tous les cas, est saisie dans une vision intuitive ou peut par principe le devenir, dans la mesure où la nécessité est une nécessité eidétique immanente. La causalité est, en tant que causalité, immanente et par suite saisissable adéquatement. C'est tout le contraire dans le cas de la causalité naturelle : elle est transcendante et n'est donnée que sous réserve. Les lois de la nature sont elles-mêmes des *facta*, c'est-à-dire qu'elles auraient pu être tout autres. Au sens courant, « causalité » signifie toujours « causalité naturelle ».

Si la zoologie (et par la suite <l'> anthropologie) vise à étudier scientifiquement la causalité psychophysique – et bien entendu dans une expérience pure –, c'est-à-dire à étudier les organisations charnelles quant à leur fonction
300 pour la causation du | psychique et inversement les structures psychiques quant à leur causalité sur le physique, alors cette tâche désigne une discipline qui se nomme la *psychophysique*. Mais il ne s'agit en aucun cas d'une science purement close et en aucun cas la science du psychique n'a-t-elle été circonscrite par là dans son ensemble. Le naturalisme psychologique, qui domine la modernité et s'instaure dès son commencement avec le

matérialisme de Hobbes, saisit la vie psychique en la réduisant à un champ de causalité naturelle. Tout événement psychique (c'est-à-dire aussi tout acte égoïque pris avec sa donation de sens) se trouve entièrement appréhendé à la façon d'un événement physique naturel, comme l'événement passif d'un être passif en soi, réglé de façon fixe par un mécanisme causal et d'après des lois du même type que celui des lois de la nature. L'événement psychophysique est alors simplement appréhendé comme une liaison causale mutuelle entre deux sphères ontologiques, la sphère physique et la sphère psychique (chacune ayant en soi ses lois causales et ses causalités internes). Puis, il l'est comme un parallélisme entre deux couches ontologiques closes en soi, mais correspondant (totalement ou partiellement) l'une avec l'autre selon une réciprocité univoque et fusionnant phénoménalement l'une avec l'autre dans notre appréhension.

Sans revenir sur les absurdités du parallélisme et les représentations obscures qu'il se fait du sens de la causalité, il est absolument certain que l'intégration de tous les actes égoïques et de l'*ego* lui-même au sein de la causalité psychophysique est un parfait contresens, de même qu'il y a déjà un contresens à saisir le psychique dans sa clôture interne comme le champ d'un être régi simplement par la causalité, comme une sorte de nature psychique. Cela ne fut possible que parce que, aveuglé par l'exemple des sciences de la nature, on a fermé les yeux sur l'essence de l'*ego* donnée dans une évidence absolue ainsi que sur l'action et la motivation égoïques.

Il est certain que *sous le titre de la psychologie, ce sont des groupes de recherches radicalement distincts qui sont requis* : tout sujet est sujet de ses vécus dans leur variété, il est l'*ego* pris dans le flux temporel immanent de vécus

passifs, de phénomènes présents, accompagnés à chaque fois de leurs horizons de souvenirs dans lesquels l'*ego* peut pénétrer. Mais l'*ego* est aussi un *ego* actif, auquel cas l'*ego* lui-même n'est pas un phénomène, pas plus que ne l'est son acte, qui tire sa source de lui ; mais ayant jailli de cette source, l'acte entre dans la passivité comme sédiment
301 et comme phénomène. Il s'agit donc d'étudier | la passivité originaire et la passivité acquise, il s'agit d'étudier l'activité et, relativement à la première, la liaison causale et empiriquement réglée avec la charnellité. D'un autre côté, c'est une tâche en soi que d'étudier l'*ego* actif *en tant qu'*ego *qui opère*, en relation avec l'objectivité qui lui apparaît à chaque fois phénoménalement et qui reçoit de sa part une nouvelle donation de sens, et d'étudier aussi les relations qui vont d'un *ego* à l'autre, la façon dont ils se lient en l'*ego* communautaire [*Gemeinschafts-Ich*] par des actes sociaux, dont ils accomplissent des effectuations communautaires en rapport avec un monde ambiant communautaire.

C'est là le champ de la discipline véritablement centrale qu'est la psychologie des personnalités et de ses prestations, de *la psychologie relevant spécifiquement des sciences de l'esprit*.

<§ 11. *L'impossibilité de penser un monde sans liaison causale entre charnellité et subjectivité. La question de la portée de la psychophysique. La psychologie naturaliste par opposition à la psychologie phénoménologique*> [1]

Après déconstruction des couches spirituelles de notre monde ambiant, nous sommes parvenus, dans la dernière

1. Sur ce point, *cf.* également le texte n°16 du Hua XIII, *Zur Phänomenologie der Intersubjektivität, Erster Teil*, Hua XIII, 438 *sq.* [trad. fr. par N. Depraz dans *Sur l'intersubjectivité II*, Paris, P.U.F.,

leçon, au monde d'une expérience pure (d'une expérience physique et animale, cette dernière comprenant une expérience anthropologique) en tant que couche inférieure, tout à fait nécessaire et constante, du monde pleinement concret qui nous est prédonné à tout moment.

Le sens de toute notre réflexion (que nous avons engagée à partir du fait fondamental « *ego* » mais aussi « nous et notre monde ambiant ») présuppose ce qui suit : il est certain que nous sommes et que ce monde (dans lequel nous sommes) est, et cela s'atteste constamment dans la concordance de l'expérience. Il va de soi que ni des discordances singulières ni des exclusions d'objets donnés dans le monde ambiant et qualifiés d'« apparences » n'y changent rien. Si tout cela, si un monde de ce type existe de toute façon en tant que monde véritable, si donc il se vérifie *in infinitum* à titre d'étant dans l'unité d'une expérience d'ensemble et même à travers | la mise au jour 302
occasionnelle des apparences, alors il possède nécessairement une nature identique à soi, une nature physique donnée, dans une expérience purement physique. Et sur cette dernière se fonde une nature anthropologique et, plus généralement, une nature animale, donnée dans une expérience purement animale. Si nous établissons à présent des sciences sur le sol d'une expérience pure et exclusivement sur ce sol, si donc nous établissons des systèmes théoriques de vérités logiques conformes aux normes et qui déterminent les objets purement comme objets d'une telle expérience, alors nous obtenons en premier lieu la science physique de la nature au sens moderne ainsi que toutes ses disciplines, celles qui sont descriptives et celles qui sont mathématiquement exactes. En second lieu, nous obtenons

2001, p. 73 *sq.*], rédigé en juin 1920 en immédiate proximité de contenu et d'époque avec la thématique qui est ici traitée – NdE.

la zoologie, et plus spécialement l'anthropologie ainsi que la psychologie qui est contenue en elle.

On* voit ici que la charnellité, considérée de façon purement physique, relève manifestement de la science physique de la nature. Mais pas ce qui la caractérise en tant que charnellité. Il faut bien voir *a priori* qu'un monde – quelle que soit la façon dont, en repensant notre monde de fait, nous pouvons nous le penser transformé – est impossible sans une liaison causale entre la charnellité physique et la subjectivité qui lui est liée. Sans cela, des sujets ne seraient pas réciproquement susceptibles de se donner dans l'expérience des autres ni de s'attester de façon légitime et mutuelle dans leur existence. Un monde ne serait pas non plus susceptible de se donner dans l'expérience comme un monde objectif, comme un monde que chaque sujet peut reconnaître comme étant le même, l'incluant aussi lui-même ainsi que les autres sujets. Pour que des sujets puissent faire l'expérience les uns des autres, chacun doit, dans son domaine d'expérience subjectif, trouver d'avance des chairs en tant que chairs, c'est-à-dire en tant qu'objets physiques dans lesquels une vie psychique étrangère s'indique sous la modalité de l'empathie. Mais cela exige que les structures et les changements physiquement charnels soient liés empiriquement à des processus psychiques. Mais si l'existence, empiriquement indiquée, d'une subjectivité étrangère doit pouvoir s'attester dans une vérité objective et au sein d'une expérience pure pour chacun de ceux qui en font l'expérience, alors la liaison de la chair physique et du psychique qui est empathisé en elle doit nécessairement pouvoir être une liaison empirico-

* *Cf.* Variante, *infra*, p. 191 *sq.*

objective et pouvoir s'attester comme une liaison – c'est-à-dire précisément une liaison causale [1].

| Par conséquent, une connaissance scientifique doit 303
nécessairement être possible, qui ait pour thème la *causalité de la relation entre charnellité et subjectivité de la chair* ainsi que les lois causales qui en relèvent, c'est-à-dire une science qui recherche quelles configurations particulières de la corporéité physique sont susceptibles d'entrer en relation causale avec du psychique et quelles sont, dans ce cas, les règles fixes qui régissent des deux côtés les structures typiques correspondantes ainsi que les modifications qui en dépendent. Si nous nommons cette discipline la *psychophysique*, alors il faut s'aviser du fait que c'est elle seulement qui donne à voir – si l'on prend le terme « chair » en un sens suffisamment large – une science de la charnellité comme charnellité d'une âme, d'une subjectivité qui lui appartiennent de façon fixe ; que c'est en elle seulement qu'il peut être question par exemple d'un organe perceptif, de l'œil, de l'oreille, etc. ; que c'est seulement à partir du psychique et de la liaison causale que la substance simplement matérielle, dans sa structure simplement physique, reçoit justement une articulation et une signification sensée – celles qui laissent paraître l'organisme en tant que système d'organes pour le psychique.

La question demeure de savoir jusqu'où s'étend cette psychophysique qui représente la partie centrale de toute zoologie et de toute anthropologie qui ne veut justement pas en rester à la simple biophysique. Reste pendante, en particulier, la question de savoir s'il est seulement pensable

1. « Causal » = réglé inductivement mais pas pour autant réglé de façon exacte et univoque : cela ne va pas tout à fait de soi.

que les actes spécifiquement égoïques soient soumis à une régulation [*Regelordnung*] objectivement causale, le concept de causalité étant ici précisément celui qui est déterminant pour la causalité naturelle objective, la même causalité que celle qui est déterminante en physique. De façon purement objective et en partant d'une expérience pure, il faut retenir que tout devenir physique, tout changement dans l'effectivité spatio-chosique dépend de certaines circonstances physiques correspondantes. Il faut aussi retenir que tout ce qui arrive est soumis à des règles fixes de dépendance mutuelle et qu'il y a aussi des dépendances fonctionnelles de type psychophysique avec des lois causales qui leur correspondent. Certains changements physiques de moments de la charnellité (par exemple des changements dans les stimulations sensibles par contact, choc, excitation chimique) conditionnent des changements psychiques, des changements dans les sensations subjectives de l'homme concerné. Et de même, les changements physiques dans la charnellité s'avèrent conditionnés eux aussi par des événements psychiques. Cette causalité naturelle [1] dont la teneur effective (tout comme dans la nature physique) doit d'abord être étudiée et fixée scientifiquement se distingue
304 radicalement de cette | *causalité tout autre* que nous nommons la *motivation*. Cette dernière règne purement dans l'intériorité de la subjectivité et ici, toute connexion singulière est compréhensible et susceptible d'être saisie adéquatement. La loi de toute motivation doit être rendue principiellement intuitive sous la forme d'une nécessité d'essence. Par opposition, toute causalité naturelle est quelque chose de transcendant et de supposé, qui n'est

1. Les lignes qui suivent sont une reprise, à peine modifiée, des p. 121 *sq*. – NdT.

donné que sous réserve ; d'où le fait que la loi de la nature ne peut jamais non plus être vue intuitivement comme une nécessité d'essence et qu'elle ne possède, en tout état de cause, que le caractère du « sous réserve » qui est celui d'un fait transcendant.

Le *naturalisme psychologique*, tel qu'il domine la modernité, saisit la vie psychique en la réduisant à un champ de causalité naturelle. L'ensemble de la vie psychique donnée dans une expérience pure est entièrement appréhendée comme un événement de la nature physique ; de même, l'unité animale et humaine du charnel et du psychique se trouve entièrement appréhendée comme l'unité d'un élément physique avec un autre élément physique. Je pourrais dire également que l'ensemble du monde de l'expérience purement objective – incluant les âmes liées aux chairs – se trouve entièrement appréhendé comme le monde simplement physique, c'est-à-dire comme un monde de l'être et de l'événement intégralement passifs, réglés de façon fixe par une légalité mécanique pour ainsi dire aveugle et qui, pour tout événement et en relation aux circonstances données, préfigure par avance une règle figée et univoque. Cette légalité est pensée relativement au psychique exactement comme l'est la légalité physiciste relativement au physique : c'est une causalité en soi incompréhensible, établie sur le fondement de l'expérience et sous réserve de sa vérification par une expérience ultérieure, une légalité acceptée comme un *factum* demeurant constamment incompréhensible et qui aurait pu être autrement qu'il n'est. On fut comme aveugle à ce qui fait la spécificité essentielle de la *motivation* (laquelle, à l'intérieur de la sphère psychique, de la sphère de la subjectivité, donne aux déroulements des événements subjectifs une connexion compréhensible), et on le fut tout particulièrement pour *ce qui fait la spécificité des actes égoïques* et des motivations actives qui sont les leurs. Les soumettre à un mécanisme de causalité psychophysique est un parfait contresens.

La seule chose qui soit certaine et qui, en tant que nécessité, repose également sur des fondements aprioriques, c'est que dans le monde (et dans tout monde) il ne doit pas seulement y avoir de l'animalité en général, mais aussi dans toute animalité une couche de causalité naturelle
305 psychophysique. En d'autres termes, | l'expérience pure au sein de laquelle se donne l'unité animale duelle d'une chair et d'une âme abrite nécessairement en elle une couche d'expérience causale qui doit pouvoir s'attester à sa façon. Son étude scientifique doit donc mettre au jour une causalité psychophysique en vertu de laquelle l'âme, tout comme la chair, reçoit une couche de propriétés naturelles aveugles. Pour autant qu'elle a part à la nature physique, l'âme lui est rattachée ; par ce rattachement, elle est vouée au monde spatiotemporel des choses et elle a également part à une causalité aveugle qui l'englobe et qui est une causalité pour ainsi dire mécanique, la causalité psychophysique.

Une psychologie naturaliste est donc justifiée dans une certaine limite : une psychologie qui appréhende le psychique comme une deuxième nature, une nature élargie, au sens où elle l'inclut dans l'unité constante de connexions causales qui n'unifient pas seulement en soi la nature physique mais la réunissent aussi causalement avec du psychique. Mais tandis qu'il appartient à l'essence de la nature physique que toutes les choses qui en relèvent ne soient qu'en tant qu'unités de propriétés causales, c'est-à-dire en tant que régulations d'un événement causal, il appartient à l'essence de la subjectivité que la régulation causale ne soit pour elle qu'une extériorité au regard d'une teneur infinie qui lui est essentiellement propre et en laquelle consiste son intériorité. Ce qui signifie que la causalité ne désigne ici qu'une certaine régulation qui ne s'impose à la subjectivité que pour autant qu'elle se maintient rattachée à une chair et qu'elle doit ainsi devenir l'âme déterminée de cette chair déterminée. L'essence propre de la subjectivité est si peu épuisée par cette régulation qu'il est au contraire tout à fait possible de penser une subjectivité qui ne soit pas rattachée à une charnellité, c'est-à-dire qui ne soit pas à la fois sujet et objet à l'intérieur d'un monde.

Nous prenons ainsi connaissance du fait qu'une authentique psychologie empirique, conduite dans l'attitude d'une expérience pure, requiert des recherches (et donc aussi des disciplines) essentiellement distinctes [1] mais qui sont néanmoins, comme il va de soi, en liaison les unes avec les autres en tant qu'elles se rapportent à l'unité de l'objectivité psychique dont on fait l'expérience :

En premier lieu, la *psychologie naturaliste*, causale, que je pourrais aussi nommer la psychologie zoologique : elle est en effet la zoologie qui s'étend au-delà de ce qui est purement physique. Elle englobe toutes les recherches spécifiquement somatologiques qui sont bel et bien orientées dans une perspective psychologique, de même que les recherches psychologiques qui, pour leur part, sont orientées dans une perspective physiologique. Pour l'essentiel, la « physiologie » (dans ses parties principales | comme la **306**
physiologie des organes des sens, du cerveau, etc.) est elle-même une telle psychologie naturaliste. Cette psychologie naturaliste est la psychologie de l'extériorité pour autant qu'elle n'a affaire qu'à des propriétés et à des

1. *Cf. supra*, p. 123 – NdT.

connexions de l'âme qui sont transcendantes à cette dernière[1]. Elle est la science du psychique incompréhensible.

Par opposition à elle, il y a en second lieu la *psychologie phénoménologique*, la psychologie de l'intériorité; elle n'a affaire qu'à du psychique qui, d'après son essence propre, ne se donne qu'accompagné des connexions immanentes à l'intériorité et qui peuvent y être mises en évidence intuitivement, comprises et connues dans leur nécessité en tant que motivations. Elle a aussi spécialement affaire à l'*ego* lui-même, à ce qui rayonne à partir de lui sous la modalité tout à fait singulière de l'acte ainsi qu'aux spécificités de la motivation qui en relèvent. En lieu et place de l'incompréhensibilité de ce qui est naturel, c'est la compréhensibilité qui règne ici et, en ce sens, la rationalité d'une motivation immanente. Mais il est vrai qu'il s'agit d'abord d'une rationalité cachée pour celui qui doit connaître depuis l'extérieur – c'est-à-dire sous la forme de l'expérience que nous faisons de notre prochain par empathie – ce qui se déroule à l'intérieur de notre prochain. Et notre propre vie intérieure nous est elle-même cachée dans la mesure où la vivre et vivre en elle les motivations infiniment variées, cela ne signifie pas encore savoir faire l'expérience appréhensive de cette vie, pas même de la manière la plus primitive qui soit[2].

1. « Transcendantes » : est-ce une expression correcte ? Il s'agit de propriétés inductives ; mais une subjectivité, qu'elle puisse être par ailleurs une âme et donc avoir des propriétés inductives, possède en outre des essentialités propres qui sont extra-inductives.

2. Sur ce point, *cf.* Appendice XX : « Tâche et limite de la psychologie comme science de la nature », *infra*, p. 169 *sq.* – NdE.

| <§ 12. *Les sciences de l'esprit comme sciences des objectivités spirituelles et des sujets spirituels qui les produisent. La genèse spirituelle sous la forme d'un devenir historique*> 307

Grâce à la leçon précédente, nous sommes déjà suffisamment préparés à prendre en considération le monde ambiant actuel de l'humanité – ce monde ambiant auquel nous sommes tous constamment rapportés dans la passion ou l'action, qui, dans l'expérience naturelle de la vie, nous est à tout moment prédonné avec ses multiples *couches de signification spirituelle*. Si nous déconstruisons ces couches et que, d'une certaine façon, nous sommes assez obstinés pour n'étudier en tant que nature que le monde des choses pris abstraction faite de l'esprit, le monde des choses dont il y a une expérience « pure », nous obtenons alors la science de la nature. Si, d'une façon semblable, nous dépouillons l'humain de ces couches spirituelles [*entschichten*] et que nous le prenons dans sa liaison avec la simple nature, nous obtenons l'anthropologie et, en elle, la psychologie – naturaliste et phénoménologique. *C'est la psychologie phénoménologique qui nous fait passer dans les sciences de l'esprit*. Cela signifie qu'il est temps, à présent, de considérer la « spiritualité » dans le monde, donc de prendre dans sa complétude le monde ambiant dans lequel nous vivons, nous nous mouvons et nous sommes, et de nous demander dans quelle mesure les objectités du monde ambiant qui nous sont prédonnées dans l'expérience naturelle de la vie peuvent être dans leur mode de donnée intégral, c'est-à-dire spirituel, des domaines scientifiques. C'est un fait que ce monde naturel de la vie a bien lui aussi sa vérité, sans quoi il n'y aurait absolument aucun droit à parler d'un monde. Si ce monde existe comme une espèce d'objectivité susceptible de s'attester, alors il faut bien qu'il soit possible d'en faire un thème scientifique, c'est-à-dire, moyennant une attitude théorique adoptée au sein cette expérience naturelle, de laisser le domaine scientifique se donner à nous avec sa donation de sens spirituelle.

C'est un fait que ce monde spirituel possède ses vérités caractéristiques et par suite également ses sciences. Nous savons d'emblée que tout *prédicat spirituel* qu'il contient nous renvoie à des *actes spirituels*, aux actes d'un sujet égoïque, à des actes de connaissance, à des actes évaluatifs et pratiques. Par eux, nous nous trouvons donc renvoyés à des *humains*, aux humains comme sujets spirituels, à des personnes *. L'humain, celui que la zoologie nomme *homo*
308 *sapiens*, n'est justement pas | *homo sapiens* – et encore moins une personne humaine – pour la zoologie [1] ; il est plutôt un objet psychophysique qui est considéré du point de vue naturaliste des connexions causales psychophysiques.

Mais en dehors de la zoologie, ce sont des personnes que nous visons sous le terme « humains », des *sujets d'actes spirituels* auxquels toute spiritualité au sein du monde ambiant nous reconduit. Étudier le monde ambiant concret – et l'étudier précisément dans la perspective de sa spiritualité qu'on a déconstruite précédemment – signifie donc étudier le monde donné concrètement dans l'expérience comme monde ambiant de l'humanité personnelle. C'est étudier également, à cette occasion, la façon dont les humains dans ce monde (ce qui signifie ici : en tant qu'ils sont rapportés à lui) lui confèrent et lui ont conféré sa signification spirituelle dans des actes spirituels, la façon

* *Cf.* Variante, *infra*, p. 192 *sq*.

1. Pour autant qu'elle veut être une science de la nature.

dont ils agissent et ont agi en tant qu'humains qui produisent et y insèrent des formations spirituelles. Car il est bien clair que ce qui est spirituel dans le monde, quand bien même il semble y être profondément incorporé, n'est ce qu'il est qu'en relation à la subjectivité productrice de signification spirituelle. Nous songeons par exemple à des livres, des œuvres d'art, des édifices, etc., qui réapparaissent après avoir été dissimulés pendant des millénaires et qui, néanmoins, possèdent ou conservent en soi leur être spirituel, même sous les décombres : leur *objectivité* n'est rien, cependant, sans la *subjectivité* productrice et capable d'actes de compréhension après coup. Si nous pouvions devenir effectivement aveugles à toute spiritualité, alors ce n'est pas seulement la spiritualité objective qui disparaîtrait du monde mais aussi la subjectivité spirituelle. Qu'un sujet personnel, spirituel, existe, cela signifie déjà qu'il accomplit des actes quels qu'ils soient et qui possèdent également dès lors des significations.

Des significations spirituelles (ou des objets du monde ambiant pris dans leur signification spirituelle) peuvent renvoyer à un *sujet singulier* qui leur a donné originairement cette signification : ainsi, par exemple, un point de repère qu'il a produit pour son propre usage. Mais, pour une part considérable, elles reposent sur des *actes spirituels sociaux*, par lesquels les personnes entrent les unes avec les autres dans des relations spirituelles, c'est-à-dire des relations procédant d'une motivation spirituelle, allant d'*ego* à *ego*. Par de tels actes, les effectuations de l'un sont adressées à l'autre, reçoivent la détermination d'être repris | par eux, **309**
d'avoir sur eux telle ou telle efficience motivationnelle. Par de tels actes, ce sont aussi des *effectuations communautaires* qui deviennent possibles ainsi que des *formations communautaires* ayant un sens spirituel. Celles-ci, comme

la langue, la littérature, le droit, ont une vie objective qui traverse les époques, et elles ne cessent de se réactualiser dans la compréhension après coup pour exercer une efficience motivationnelle sur de nouveaux individus, lesquels contribuent de leur côté à en prolonger la configuration. Ainsi, de telles formations spirituelles, et à vrai dire toutes les formations spirituelles, ont leur être dans des figures toujours nouvelles, dans un incessant devenir. Cette vie perpétuelle, qui est propre par principe à toutes les formations spirituelles et qui s'accomplit dans la *forme vitale de la tradition* qui leur est propre, est une re-production toujours nouvelle. Mais en vérité, cette dernière ne reproduit pas un sens qui demeure absolument identique : dans le souvenir, elle produit bien plutôt en même temps une nouvelle composante de sens.

Dans ce contexte, il est manifeste qu'il y a de bonnes raisons de parler de l'*objectivité des formations spirituelles* – de celle d'une œuvre d'art ou d'un courant artistique, d'une époque artistique dans leur ensemble, d'une langue et en elle de chaque mot singulier, d'une loi, d'une coutume, etc. Ici aussi, il y a une identification qui, dans la multiplicité des actes de compréhension, aperçoit l'unité d'un sens objectal et la saisit de façon légitime. Dans la mesure où des objectités physiques reçoivent, sous d'innombrables formes, un sens spirituel, des objectités d'une dualité caractéristique font leur apparition dans le monde concret, dualité qui n'est pas sans analogie avec l'unité duelle de chair et d'âme qu'est l'être animal. Une œuvre d'art, une arme, un outil, etc., possède en quelque sorte une charnellité et un sens qui l'anime. Chaque mot de la langue nous présente simultanément une chair linguistique (le son du mot) et le sens spirituel (la signification au sens linguistique courant)[1]. Mais il est évident que parler ici d'« animation » n'est qu'une image : il va de soi que l'âme d'une chair animale n'est pas un sens spirituel (au sens où nous avons utilisé cette expression).

Les sciences de l'esprit sont les sciences des objectivités spirituelles et des subjectivités spirituelles, donc les sciences *du monde | humain personnel avec ses formations* 310
personnelles. Les humains peuvent agir de façon spirituelle comme sujets connaissants et toutes les sciences peuvent nous servir d'exemple de telles formations, en prenant le terme de « science » en son sens le plus large : l'astrologie est alors une science tout aussi bien que l'astronomie. On aura peut-être quelque réticence à désigner comme une science les convictions cognitives du Zoulou à propos de la structure du monde, à propos des dieux et des hommes, etc., mais c'est pourtant bien quelque chose qui relève de la sphère de la connaissance. En outre, toutes les formations issues des évaluations et de l'activité pratique de la personnalité qui sont incorporées à une charnellité physique relèvent de la sphère des sciences de l'esprit : l'art de tout niveau, peu importe qu'on puisse ou non le justifier d'un point de vue esthétique, etc.

Toutes les formations spirituelles (tout ce qui relève du royaume de la culture) tombent sous des *concepts typiques*, possèdent leur typique et tombent sous des concepts typiques de différents niveaux, comme par exemple l'art, la littérature, la langue, la technique, etc. et au sein de ce dernier concept l'arme, l'outil, etc.[2]

1. Donc de même que la science de la nature est une science de la réalité, la science de l'esprit est science de la personnalité.

2. Sur ce point, *cf.* Appendice XXI : « Les couches de significations spirituelles dans le monde ambiant. La loi de la conventionnalisation », *infra*, p. 172 *sq.* – NdE.

La division des problèmes des sciences empiriques de l'esprit et de ces sciences elles-mêmes serait en soi une grande tâche. Il faut manifestement distinguer ici des *problèmes morphologiques-statiques* et, d'un autre côté, des *problèmes historiques-génétiques*, bien qu'ils soient toujours rapportés les uns aux autres. Les premiers sont de type descriptif et cherchent à donner une description systématique par le moyen de concepts typiques formés scientifiquement; les seconds concernent l'évolution au sein d'un devenir temporel. La relation essentielle au devenir temporel ayant la forme d'une genèse spirituelle est donnée *a priori* par la relation essentielle de toute formation spirituelle à l'humain personnel, qui n'a son être que dans son effectuation spirituelle et qui développe dans cette effectuation sa manière d'être [*Art*] personnelle. Mais il ne peut produire ce qui est spirituellement objectif que comme une unité de tradition toujours mouvante, ne cessant de se modifier. Cela donne à tout ce qui est objectivement spirituel, en unité avec toute personnalité, sa place au sein d'un enchaînement spirituel du devenir, et c'est là l'*enchaînement de l'histoire*. Par conséquent,
311 toute description d'une figure spirituelle et d'un | type de figures spirituelles est aussi rapportée par essence au *temps historique* comme forme qui englobe et ordonne tout développement objectivement spirituel. Tandis que le *temps de la nature*, le temps physique, est la forme de la causalité naturelle, le temps historique est la forme de la genèse par motivation spirituelle. Le premier <est> le temps de l'extériorité naturelle, le second celui de l'intériorité spirituelle, qui a bien sûr un sens propre et ne veut pas seulement dire le temps dans le flux de l'être psychique. L'histoire est le devenir spirituel (et le devenir compréhensible seulement de façon spirituelle) de toute spiritualité objective et de toute personnalité de degré supérieur. Cela

comprend le devenir de l'humanité qui effectue des opérations spirituelles en tant qu'humanité personnelle à tous les niveaux d'unité sociale et, de façon inséparable, le devenir des produits de ces effectuations.

Ce *devenir compréhensible* (compréhensible par élucidation des motivations spirituelles) est quelque chose de tout autre que le *devenir mort* qu'on trouve dans le royaume de la nature, de la simple causalité. La science de l'histoire s'appelle elle-même « histoire ». Elle porte sur la genèse spirituelle de la spiritualité individuelle – elle-même donnée dans l'empirie historique (qui est aussi quelque chose de totalement autre que l'empirie des sciences de la nature) – qui est celle du monde de l'esprit donné individuellement. Quant aux lois du devenir historique dont on a tant discuté, il est certain qu'il y en a, et en grand nombre. Sauf qu'il ne s'agit pas de plaisanteries indécentes à la Spengler, mais plutôt de lois aprioriques qui développent précisément l'*a priori* de la genèse spirituelle qui est celle des individualités de niveau inférieur et supérieur.

Il me faut encore attirer l'attention en particulier sur le fait que l'élucidation et l'explication concrète de ce qui est spirituel conduit évidemment aussi au degré le plus bas de l'expérience pure. D'un côté, nous allons des objets chosiques investis d'esprit aux objets chosiques purs, et de l'autre, des sujets investis d'esprit (en tant que sujets qui accomplissent des effectuations spirituelles) aux humains dans l'expérience pure, avec leur chair telle qu'on en fait purement l'expérience et leur âme empathisée dans l'expérience pure. *Mais il y a une différence de principe entre la fonction que l'expérience pure a dans les sciences de la nature et celle qu'elle a dans les sciences de l'esprit.* Les sciences de la nature s'installent sur le sol de l'expérience pure et veulent, tout en demeurant purement sur ce sol, déterminer scientifiquement dans son être « en soi »

l'effectivité dont on fait purement l'expérience. Quant aux sciences de l'esprit, elles ont certes aussi sous elles une
312 expérience | pure [1] ; mais elles ont pour thème la subjectivité personnelle qui n'accomplit ses effectuations spirituelles et ne se développe en tant que personnalité qu'en produisant quelque chose d'objectivement spirituel. D'un autre côté, elles ont aussi pour thème la formation spirituelle quant à son sens, la façon dont elle a reçu une signification spirituelle et quelle signification spirituelle elle a ainsi reçue. De sorte que l'expérience pure n'entre en considération que comme couche inférieure implicite des effectuations spirituelles.

En tant que porteuses de l'histoire, les personnes ont sous les yeux un monde de l'expérience, et en lui des objets d'expérience purs mais qui n'entrent en considération qu'expérimentés (visés, pensés, estimés, etc.) par elles. Ce n'est que comme objets intuitifs ou pensés, etc., qu'ils les ont motivées ou ont pu les motiver. Il en va de même pour les connaissances obtenues à partir de l'expérience, mais aussi pour les opinions ou les connaissances qui sont celles des sciences de la nature pour autant qu'elles étaient connues des personnes en tant que sujets accomplissant spirituellement des effectuations et qu'elles les motivaient [*]. Ce qui est intentionnellement donné et saisi comme étant – purement comme teneur intentionnelle de sens pour celui qui en fait l'expérience – est le substrat d'une effectuation spirituelle, et en aucun cas (sauf au sein du groupe d'effectuations que nous appelons « science de la nature »

[*] *Cf.* Variante, *infra*, p. 193 *sq*.

1. Il y a pourtant ici une équivoque. Dans toute expérience au sein du monde ambiant, il y a implicitement une couche d'expérience pure pour autant qu'une déconstruction peut être menée à bien. Mais l'histoire, précisément, ne déconstruit pas. Elle ne repose pas sur une expérience pure de type théorique et méthodique.

et « technique des sciences de la nature ») cette effectuation n'a à isoler une expérience pure au sein d'une attitude théorique ni à étudier causalement, à la façon des sciences de la nature, l'être dont il est fait l'expérience en elle. Sinon, il faudrait que le cordonnier qui fabrique sa botte pratique d'abord la science de la nature afin de sonder la « nature » physique du cuir, etc.

Le spécialiste des sciences de l'esprit considère et étudie la vie spirituelle concrète exactement de la façon dont elle est en soi, dont elle se meut dans le cadre de l'intuitivité ou de la tradition et dont toutes les motivations spirituelles sont en fin de compte co-motivées par le donné intuitif dans son intuitivité immanente. Songer à fonder ou à approfondir de quelque manière que ce soit les sciences de l'esprit par des résultats issus des sciences de la nature est un contresens. C'est un contresens, par exemple, de vouloir expliquer par les sciences de la nature la configuration d'une formation spirituelle en tant que formation issue d'une production (qu'il s'agisse d'une œuvre d'art ou d'une personnalité), de vouloir la | traiter au moyen de connais- **313**
sances et de méthodes physicistes ou psychophysiques. Science de l'esprit et science de la nature se meuvent dans deux mondes différents quoique rapportés l'un à l'autre : *la nature comme monde impersonnel de la causalité*, *l'esprit comme monde de la personnalité* et de ses effectuations, comme royaume de la liberté.

Pour comprendre selon son sens spirituel et sa genèse spirituelle une œuvre spirituelle comme le Parthénon, il est certain qu'on a besoin des intuitions liées à l'expérience des matériaux utilisés, telles que l'artiste les a eues, car il a certainement été motivé par une telle connaissance. Mais il serait risible de vouloir mettre à contribution les formules chimiques de la chimie moderne et les théorèmes de la physique mathématique exacte pour obtenir une connaissance relevant des sciences de l'esprit. La science de l'esprit traite de genèse spirituelle et du devenir spirituel intérieur selon une motivation constante; elle traite aussi des transformations de la tradition, laquelle possède à son tour sa motivation intérieure. Mais la connaissance des sciences de la nature traite de l'absence d'esprit qui est par principe celle de l'être extérieur, lequel, sur le fondement d'une expérience pure, se trouve déterminé comme identité dans la causalité, comme conservation de soi de l'objet déterminé de façon purement causale à travers le changement infini des données intuitives [1].

<§ 13. *Les sciences normatives de l'esprit et leur idée ultime, critique*>

<a) *La différence entre les sciences de l'esprit normatives et celles qui sont non-normatives*>

Hâtons-nous maintenant de conclure. Toutes les sciences que nous avons décrites sont simplement des sciences d'objets; elles contiennent dans leur teneur doctrinale des prédications simplement objectives. Elles peuvent toutes, même les sciences de l'esprit, être au moins traitées comme
314 de simples sciences d'objets. Et ce, | alors que nous différencions en effet, comme précédemment, les prédications simplement objectives de celles qui sont normatives, c'est-à-dire de celles au sein desquelles

1. Dans le manuscrit, on trouve ici la remarque marginale suivante : « à partir d'ici, n'a pas été lu, bien entendu par manque de temps ». S'ensuit un texte qui n'a pas été lu pendant la leçon et qui a déjà été édité comme Appendice LIV du Hua XIII, *Zur Phänomenologie der Intersubjektivität, Erster Teil*, Hua XIII, 470-475. [Ce texte est traduit dans le présent volume : *cf.* Appendice LIV, *infra*, p. 175 *sq.* – NdT].

interviennent les prédicats spécifiquement normatifs. Au sens étroit, la science de la nature est donc une science d'objets au sens éminent, en ce que ses objets ne contiennent en soi absolument aucune caractéristique sur laquelle pourrait s'apposer une normation. Ainsi, quelque chose comme la masse, la couleur, la vibration de l'éther, etc. ne peut en aucun sens être vrai ou faux ; seul le jugement portant sur cela l'est éventuellement. Dans la physique, comme dans toute science, on ne norme que logiquement ; elle doit au moins, à titre de science, produire des propositions conformes à cette norme. Il en va de même, comme on le conçoit facilement, dans la psychophysique ; et il n'en va pas non plus autrement dans la psychologie de l'intériorité, dans la psychologie de l'esprit et dans toutes les sciences de l'esprit. *Tout acte de l'esprit a son sens* ; au sens le plus large, l'acte de l'esprit pose quelque chose et contient en lui *une proposition qui peut être vraie ou fausse ; l'acte lui-même peut être conforme à la norme, peut être correct ou non*, et il peut, en tant qu'acte évident au sens le plus large du terme, avoir conscience du caractère normatif lui-même, il peut saisir intuitivement et originairement la vérité en tant que vérité. Si c'est un acte logique, alors la vérité est une vérité logique ; si c'est un acte esthétique, elle est alors une vérité esthétique, si c'est un acte pratique, alors c'est une vérité (une rectitude, une conformité à la norme) technique ou éthique [1].

1. Chaque *cogito* d'un *ego* personnel (spirituel), le « je fais l'expérience », « je juge », « j'évalue », « j'agis », est un processus spirituel, qui est en tant que tel lui-même « spirituellement-objectif », et c'est seulement grâce à une réflexion phénoménologique qu'advient la « conscience absolue », la noèse face au noème, la vie absolue, dans laquelle le pôle de l'*ego* et l'action de l'*ego* ont lieu du côté du pôle objectif.

C'est ainsi que les sujets spirituels, toutes leurs effectuations et tout le domaine des objectités spirituelles entrent dans la juridiction de la prédication normative, et qu'à l'inverse seul ce qui est de l'ordre de l'esprit est soumis à des normes. Donc tout ce qui est thématisé par les sciences de l'esprit peut également être thématisé normativement, au cas où il ne le serait pas dès le départ. Car nous devons maintenant introduire ce *partage* : il y a *des sciences de l'esprit non-normatives*, donc simplement objectives, et *des sciences de l'esprit normatives*, qui auront cependant toujours des prédications objectives à titre de soubassements. Ce que nous entendons par « psychologie génétique », en tant que psychologie de la genèse spirituelle, n'a pas pour objet de savoir si les actes et les formations des actes sont dotés de valeur, s'ils sont ou non conformes à la norme.
315 Et cela vaut pour toutes les sciences normatives | de l'esprit : au sein de toutes les sciences normatives, nous dissocions les constatations simplement psychologiques et historico-culturelles des constatations proprement normatives. Car une histoire non-normative ou, comme on le dit également, non-« évaluative », une histoire qui ne pose aucune question normative, est évidemment possible – et c'est surtout ce genre d'histoire que l'on pratique (pensez seulement aux recherches historico-linguistiques).

<b) *L'équivocité du mot « évaluer »*>[1]

Je n'ai pas le droit de passer sous silence cette *équivoque* qui empoisonne les tentatives de théoriser ce que la connaissance et la thématique des sciences de l'esprit ont de spécifique et qui s'attache au mot « *évaluer* » ou au mot

1. *Cf.* Appendice XXII : « Clarification de l'ambiguïté du mot "évaluer" », *infra*, p. 183 – NdE

« apprécier »[1]. Nous l'avons délibérément évité et avons parlé de l'acte de « *normer* », et, à titre de corrélat, nous avons employé en le généralisant délibérément le mot « vérité » au lieu du mot « valeur », de telle sorte qu'au lieu du mot « normer », nous aurions dû utiliser à proprement parler l'expression allemande « *vérifier* ». Et c'est une bonne expression. 1) On dit très souvent « quelque chose a de la valeur pour quelqu'un », que ce soit lorsqu'une chose ou une personne lui est chère, lorsqu'il trouve une chose attrayante, etc. Il est ici question *d'un comportement de l'ordre de l'affectivité, d'un comportement du sentir*, que l'on nomme « évaluer » ou « considération axiologique ». Cela signifie corollairement que les fins et les moyens auxquels on aspire sont considérés axiologiquement, tout comme on considère ce qui est utile en tant que tel comme une valeur, comme un bien axiologique [*Gutwert*]. Les biens sont des valeurs. Ils ne sont évidemment pas seulement évalués affectivement, puisqu'ils sont aussi, sur le fondement de cette considération axiologique, pensés comme quelque chose auquel on aspire, ou comme fin et moyen. Il n'est cependant en aucun cas ici question de normation ; celle-ci ne commence que lorsque nous nous demandons si ce qui est beau est véritablement quelque chose de beau, si ce qui est bien est véritablement quelque chose de bien.

| 2) La langue utilise cependant le mot « valeur » en **316**
un autre sens, qui avait peut-être à l'origine un lien avec l'acte d'évaluer affectif, mais qui n'en a plus maintenant. Il fait au contraire référence à n'importe quelle sorte de

1. Équivoque du mot « évaluer » : 1) évaluer (considérer axiologiquement) en tant que comportement de l'ordre de l'affectivité. 2) Évaluer, vérifier la valeur, vérifier, normer. 3) Évaluer en tant que vérifier la mesure ; valeur = unité de mesure.

normation. C'est le cas lorsque l'on parle de « *vérifier la valeur* », d'« *évaluer après coup* ». Examiner le droit d'une affirmation se dit également « évaluer après coup », « vérifier la valeur », c'est-à-dire rechercher les raisons, donc normer logiquement. Estimer une action veut dire examiner si elle est ou non vraiment une bonne action ou non ; tout comme estimer une œuvre d'art.

3) Enfin, comme l'acte de vérifier la valeur est analogue à l'acte de *mesurer*, équivaut pour ainsi dire à mesurer une visée logique, esthétique, éthique par rapport à la vérité en tant que norme correspondante, alors tout acte de mesurer se dit également « évaluer ». C'est d'abord le cas dans la sphère proprement axiologique : on dit de l'argent qu'il est une « valeur » non pas parce qu'on l'apprécie [*Liebsamkeit*], mais plutôt parce que la valeur monétaire est l'étalon de mesure de la valeur économique, là où l'unité monétaire sert d'unité de mesure. Finalement, on « estime », on apprécie [*schätzt*] la longueur d'une rue à environ 100 mètres, la hauteur d'une montagne, etc.

La langue utilise donc le mot « évaluer » en de multiples transpositions. Trompés par cette équivoque, <tout comme> ceux qui prenaient d'abord leur concept de « valeur » dans la sphère du sentiment et observaient ensuite l'application de ce terme à toute sorte de normation de l'esprit, Windelband et son école confondent aujourd'hui l'acte d'« évaluer » au sens affectif avec l'acte de « normer ». Ce qui fit alors son effet, c'est le fait que tout ce qui est conforme à une norme est aussi, en tant que tel, une valeur. Nous évaluons aussi la vérité logique, et c'est pourquoi nous tâchons de l'atteindre ; nous évaluons l'effort légitime, nous évaluons l'action dirigée par des motifs corrects, et ils sont donc aussi des valeurs au sens affectif. Mais la vérité est en elle-même une norme et n'est pas en soi une valeur affective. C'est seulement en tant que norme évaluée qu'elle devient une valeur. Et dans la sphère évaluative, il faut bien sûr aussi différencier la vraie valeur de la valeur présumée.

L'intuition dans laquelle une vérité logique m'est donnée et le processus de fondation dans lequel la visée se mesure à l'intuition correspondante et <s'> approprie son caractère normatif sont non pas des actes de l'ordre de l'affectivité, mais plutôt des actes relevant de la sphère de la connaissance. Tout comme l'acte de juger n'est pas un acte évaluatif, la vérité n'est pas une valeur. Et tout comme le vouloir et
| l'agir présupposent certes en tant que tels l'évaluation **317**
sans pour autant être eux-mêmes des évaluations, l'action, l'œuvre et l'agir légitimes ne sont pas en tant que tels des valeurs. Mais la vérité et la bonne action peuvent évidemment être elles-mêmes évaluées.

<c) *Les évaluations dans les sciences de l'esprit singulières et dans l'éthique. L'idée pratique d'un meilleur monde possible et d'une meilleure humanité possible*>

Mais revenons maintenant à notre thématique. Une maison, en tant qu'unité d'une expérience légitime possible, est une chose ; une maison, en tant qu'unité d'une telle expérience et en même temps d'une évaluation légitime possible, est dotée de valeur, par exemple une belle maison. Elle est elle-même une chose, et non pas une valeur. Tout comme, par exemple, une vérité géométrique est une vérité en tant que contenu d'une évidence possible. Si elle est en même temps le contenu d'un acte évaluatif intuitif fondé sur elle, alors elle est une vérité dotée de valeur. Le fait d'être une valeur ne fait pas partie de l'essence de la vérité. Valeur et vérité sont des catégories différentes.

L'historien, en tant qu'historien normatif, « vérifie la valeur » des formations axiologiques historiques qui se présentent à lui. Par exemple les sciences pour savoir si elles étaient des sciences authentiques ou des semblants de sciences comme l'alchimie et l'astrologie. Ce n'est pas l'affectivité qui accomplit l'acte de normer, mais plutôt l'entendement propre aux sciences de la nature. En ce sens, chaque histoire de la science, par exemple l'histoire de la physique ou de la mathématique, évalue continuellement après coup ou, pour le dire correctement, examine logiquement, norme logiquement[1]. De même, l'histoire de l'art ne cherche pas simplement à élucider la genèse spirituelle des œuvres d'art et, corollairement, celle des artistes en tant que personnalités artistiques. Au contraire, elle est aussi une histoire esthétiquement normative : elle exprime alors des jugements de valeur, et ce sont ici des jugements portant effectivement sur les valeurs. De même, l'histoire des intuitions et des théories éthiques et pédagogiques est, cela va de soi, traitée en ayant cette double tâche à l'esprit.

Mon but n'est pas ici de discuter et d'identifier chacune
318 des sciences aprioriques | qui font face aux sciences empiriques de l'esprit : la seule qui nous intéresse est l'*éthique* dans son unité. Mais nous voyons déjà clairement qu'il n'y a que les sciences de l'esprit qui admettent *des prédications normatives* (et ce, peu importe ce qu'elles ont comme teneur objective) et qu'elles sont à ce titre soumises *aux sciences normatives aprioriques principielles, aux sciences portant sur la vérité de la connaissance, sur la vérité de l'affectivité et sur la vérité de la volonté*[2].

1. Histoire critique.

2. Sciences aprioriques de la critique logique, esthétique et pratique.

Pour le monde ambiant concret et spirituel, ce monde qui est notre unique monde de la vie, il s'ensuit la réflexion conclusive suivante : ce monde, qui est justement pris en sa totalité pour un monde unitaire, est certes continuellement là et se développe continuellement, et c'est en tant que tel que la science de l'esprit l'explore. En tant que science normative, elle se dirige aussi vers lui et le critique. Mais tout ce qui est contraire à la norme [*Anomale*], comme l'erreur ou la méchanceté morale de la sphère extra-axiologique, reçoit après coup, grâce à l'affectivité, un signe négatif et se donne en tant que vraie non-valeur. Dans ces conditions, ce monde ambiant qui nous est donné ne nous plaît donc pas. Pour autant que nous puissions cependant, en tant que sujets libres, l'améliorer, ce mécontentement peut motiver la volonté de l'améliorer; pour nous et tout un chacun. Le monde qui existe est tel qu'il ne devrait pas être ; et ce, non pas en tant que nature, mais en tant que monde de l'esprit. En tant que tel, il est un monde « créé » par l'humanité, bien qu'il soit un monde très mal créé. Aussi doit-il à nouveau être recréé par l'humanité. *Un idéal pratique* se met à briller : celui d'un *monde de l'esprit* nouveau, absolument *conforme aux normes*, satisfaisant continuellement dans sa genèse future les idées normatives propres à chacun des domaines de la vérité. Et cette genèse conforme aux normes doit alors elle-même à nouveau être pensée sous un certain idéal : que les valeurs des personnalités et de leurs effectuations s'accroissent constamment. Un nouveau monde, donc, un nouveau monde vrai et une nouvelle humanité vraie, tout comme axiologiquement un monde vrai et une humanité vraie de valeur toujours plus élevée, doivent donc advenir. *L'humanité vraie serait une humanité purement éthique, et le monde vrai serait un monde purement éthique.* Mais

il ne l'est que s'il est aussi à chaque instant un monde véritable du point de vue logique et esthétique. (Ici, le mot « éthique » exprime le sens de la raison pratique le plus
319 universel, tout | concept plus étroit doit être tenu à l'écart.) L'idée d'une humanité et d'un monde vrais, idée formée sur le monde ambiant factuel, est une idée concrètement déterminée et désigne l'*idée pratico-éthique* qui est concrètement *la plus haute.*

Corollairement, nous pressentons que les plus hautes tâches scientifiques de l'humanité que nous puissions imaginer se rattachent à cette idée, qu'elles cherchent à donner à cette idée une *teneur scientifique* déterminée qui la rende apte à donner une direction pratique à l'ensemble de la vie et de l'effort de l'humanité et donc aussi à chaque homme singulier, une direction pratique au sens d'un devoir absolu. Toute *éthique féconde* doit viser cette idée et sa construction explicite dans l'intuition scientifique, et elle doit donc en s'accomplissant s'annuler elle-même d'une certaine façon en tant que simple éthique. En tant qu'éthique pure et formelle, elle doit ériger cette idée d'après une pureté supra-empirique et d'après une généralité en un certain sens formelle. Ensuite, en tant qu'éthique empirico-humaine, elle doit rapporter l'humanité donnée et le monde ambiant humain à cette idée. Ainsi, elle doit nous apprendre à donner le plus haut contenu possible à notre tâche éthique, laquelle n'est pas une tâche simplement pour notre *ego* singulier, mais aussi une tâche pour l'*ego* faisant partie de la communauté sociale et pour cette communauté elle-même (et au niveau le plus élevé pour l'humanité en son ensemble). C'est-à-dire à nous diriger vers la « vérité », rattachée à notre monde et à cette humanité, qui est la plus haute concrètement. Elle doit déterminer le *telos* individualisé le plus élevé de nos devoirs humains.

Il faut alors voir que *l'éthique est de fait, parmi toutes les sciences normatives, la reine des sciences*, parce qu'elle présuppose toutes les autres sciences et qu'elle les absorbe finalement en elle, et parce qu'elle prête finalement à toutes les sciences une fonction éthique. Et elle le fait tout autant pour tous les arts et toutes les configurations spirituelles en général. C'est pourquoi on ne peut pas se contenter d'une éthique générale et formelle du type habituel, qui est l'*analogon* de la logique et de la théorie de l'objet formelles au sens habituel, laquelle n'est à son tour que la première, et non pas la dernière logique. Toutes les sciences normatives et les sciences formelles qui sont inséparablement unifiées à elles et qui portent sur les objets en général, sur les valeurs en général et sur les biens en général, exigent ensemble d'être développées en direction *des sciences aprioriques du monde*, d'être développées de façon à ce qu'elles concourent ensemble *à la construction systématique de l'idée, dont il a été question, d'un | meilleur monde* **320**
possible et d'une meilleure humanité possible.

À cet égard, on doit séparer la généralité formelle de la généralité matérielle. Ce qui est principiel dans cette idée est formel. Dès que nous admettons un contenu matériel au sein de l'*eidos*, nous avons une particularisation « accidentelle » dans la considération de la généralité principielle. Et enfin, faisant face à ce qui est purement idéal, nous avons le fait [*Faktum*] de ce monde et le but idéal déterminé de façon factuelle [*faktisch*] – ainsi que les chemins possibles, déterminés d'après la possibilité de leur contenu. Mais nous ne pouvons pas ici approfondir cette question.

APPENDICES

| Appendice XIV (au § 3) 346

L'être-indiqué d'un sens et le fait d'avoir distinctement le sens lui-même (1924)

Un sens, comme tout objet, peut être lui-même donné ou il peut ne pas être lui-même donné. Or, nous pourrions dire : lorsqu'une maison est représentée, mais qu'elle n'est pas elle-même donnée, j'ai tout de même dans la « simple représentation » le sens « maison » ; et bien que j'aie là la différence entre l'intuitif et le vide, la représentation vide a malgré tout un sens objectal. Ai-je la même chose également dans le cas du sens ? Dois-je dans ce cas parler de représentations vides d'un sens, non-intuitives, et ensuite de représentations qui donnent originairement le sens, donc ensuite également d'un sens de l'objet « sens », et ainsi de suite à l'infini ?

Cela ne va manifestement pas. Un seul et même sens peut avoir différents modes de remplissement et de vide, différents modes d'intuitivité ou de non-intuitivité, mais ces modes ne sont pas des différences dans la donation de l'objet « sens » qui soient semblables aux différences que l'on trouve dans la donation des objets correspondants, par exemple celle de la maison. L'auto-donation | du sens 347
n'est pas affectée par cela. Dès lors que j'ai sans détermination plus précise un recouvrement identifiant, je peux

trouver dans l'attitude correspondante le sens objectal pour chacun des deux côtés, donc dans la représentation vide tout comme dans la représentation intuitive. Et <le> sens n'est absolument rien d'autre que ce pôle d'identité. Dans ces circonstances, il est impensable (c'est un « contre-sens ») que je puisse encore avoir une représentation vide du sens, qu'elle puisse être rapportée de façon vide à de telles représentations et à d'éventuels enchaînements d'identité. Une telle représentation aurait cependant quand même en elle le sens lui-même. Devons-nous dire ici : une représentation vide de deuxième niveau est vraisemblablement possible, mais elle a quand même indirectement le sens lui-même en elle ? Il faut en tout cas remarquer qu'une représentation peut être imparfaite, par exemple en tant que représentation vide, comme lorsque je me dirige sur un objet dans un vague souvenir, mais sous une certaine forme d'indétermination fluctuante du sens. Le sens est représenté distinctement lorsque le sens est déterminé, « distinct », en tant que pôle explicite : je sais exactement ce que je vise, même si c'est peut-être de façon complètement vide. Il en va de même dans le cas d'une proposition conçue vaguement, passivement et symboliquement, dans l'indistinction du sens. Avec l'unité verbale, nous avons ici l'unité d'un sens indiquée unitairement. Mais c'est seulement dans l'accomplissement progressif de la pensée, dans les donations singulières et actives de la signification et dans la production active de ce qui se construit distinctement à partir de ce qui est distinct que j'ai la proposition elle-même en tant que sens, en tant que pôle systématique déterminé. Avant, j'ai simplement la conscience du caractère connu et la conscience du fait que je peux produire « la » proposition, concevoir distinctement ce qui est visé. Ici, j'ai des intentions signitives qui se remplissent dans les significations déterminées qui font leur apparition. Ces significations se constituent peut-être dans des représentations vides. Avant elles étaient vagues, dirigées de façon fluctuante ou dans un horizon vague. Ensuite, elles sont « distinctes », dirigées de façon bien déterminée, et ce, tant du côté signitif que du côté du remplissement. Les seules *différences* que nous ayons ici sont donc celles qui départagent *le vague et la distinction*, et une conscience distincte, ayant une donation distincte, est une conscience *en elle-même donatrice* pour le sens.

APPENDICE XV (AU § 6)

<Notes> à propos des sciences de l'être et des sciences normatives. Le sens de l'ontologie formelle

Sciences – des objets. Toutes les sciences ont un domaine, et nous avons bien sûr la distinction suivante : 1) produire des énoncés à propos des *objets*, de leurs propriétés, de leurs relations mutuelles au sein d'un domaine délimité ou par rapport à d'autres objets qui font partie d'autres domaines ; 2) produire des énoncés sur les
propositions pour dire si elles sont vraies, dire | si les *objets* 348
que l'on présume existent. D'une certaine façon, les énoncés « logiques » font également partie d'une science, c'est-à-dire normativement. On réfute <par exemple> une théorie dans un traité scientifique. On démontre que les objets, dont on croyait avoir fait l'expérience et que l'on avait déterminés théoriquement, n'existent justement pas. Mais il faut dissocier cela de la teneur proprement théorique de la science, tout comme on dissocie dans un drame la représentation dramatique de l'intrigue de celle du chœur, ou mieux encore le prologue de l'épilogue. Chaque science

a son chœur logique et a sa méthodologie et sa logique (l'ontologie formelle a la logique elle-même comme logique). *Le normatif* et *l'objectif* vont donc de pair, et pourtant, la connaissance objective et l'étude normative de cette même connaissance objective sont bien sûr toujours différentes. <Il y a> donc aussi pour les sciences normatives elles-mêmes <une> ultime connaissance objective qui n'a pas elle-même pour thème quelque chose de normatif. L'ultime connaissance objective : 1) la connaissance de la nature, de ce qui est physique, ne contient absolument rien qui puisse être normé. En tant que réal, le psychophysique exclut ce qui est normatif. 2) Ici l'être individuel.

Mais la mathématique formelle, la doctrine des multiplicités. L'arithmétique ? Elle parle d'objets en général au sein de l'idée de « l'objet en général » : quelque chose en général est seulement pensé, ce qui est déterminable en général, (avant la question de savoir si l'objet et sa détermination sont possibles) substrat des déterminations judicatives. Là, rien n'apparaît dans le sens qui puisse donner appui à une normation. Les prédicats normatifs présupposent des propositions ou leurs corrélats. Je dois donc, même si c'est de façon générale, penser des propositions.

La distinction entre les objets ayant un contenu de sens qui peuvent être normés et ceux qui ne le peuvent pas se situe en dessous des distinctions qui sont propres à la mathesis formelle. Le « quelque chose » efface toute distinction de ce genre. Nous avons donc, à bien y regarder, les niveaux ontologiques suivants :

1) Quelque chose en général : donc la *mathesis* formelle.

2) Ce qui est individuel en tant que tel : se divise en nature physique, esprit psychophysique, esprit personnel en tant qu'esprit des actes et formations culturelles en tant

qu'effectuations réalisées par des personnes. À cela correspond ensuite la séparation suivante :

Science apriorique (formelle en un nouveau sens) des individus en général, d'après les sciences aprioriques suivantes : ontologie apriorique d'une nature en général, d'une animalité en général, avec une ontologie psycho-physique, une psychologie phénoménologique; science de l'esprit en tant que science personnelle de différents niveaux et science de l'esprit en tant que science de la culture.

Ici, nous avons ce qui peut être normé du côté de la psychologie comme science de l'esprit (ce qui n'est rien d'autre que la spiritualité comme personnalité et aussi comme personnalité sociale) et de la science de la culture (l'une et l'autre étant pourtant inséparables).

| Les ontologies portent sur des *objets*; la *normation* **349**
porte sur des *sens* (en tant que propositions?). Si nous transformons ce qui est de l'ordre du sens en objets purs (non pas les divers objets ayant des sédiments de sens, mais plutôt les propositions en tant que propositions), alors nous avons les disciplines normatives aprioriques. Mais ici, une ambiguïté subsiste. Au lieu de normer des propositions, je peux aussi avoir les vérités elles-mêmes comme objets. Dans la sphère des objets, j'ai aussi des objets que l'on appelle « vérités » : mais alors cette vérité doit-elle être appelée « vérité non-conceptuelle » ? J'aurais donc des sciences des états de choses, des états de valeurs, et des états pratiques. Sous forme conceptuelle : des sciences qui ont conceptuellement transformé en objet les états de choses : la logique, la science des vérités axiologiques, celle des vérités pratiques, sous forme conceptuelle. Mais la science est bien une conceptualisation. Se peut-il donc qu'il n'y ait rien là de nouveau?

Il faut ici remarquer que toutes les vérités dont le contenu a obtenu un remplissement se trouvent dans les sciences. Toutes les vérités formelles ne se trouvent-elles pas également dans la *mathesis* formelle ? Mais le syllogisme en Barbara, ayant la forme A B C dans une *mathesis* formelle, a-t-il la même signification que la loi de la conséquence de la logique apophantique ? Les lois qui concernent les vérités, les vérités qui portent sur des vérités, sont exprimées dans la logique. De même que, dans toutes les sciences, pour ce qui concerne leur domaine respectif, nous portons des jugements sur des objets et aussi leur existence, sur leurs propriétés, sur leurs relations (sur les états de choses) etc. et l'existence de celles-ci, de même portons-nous ici aussi des jugements sur des vérités et leur existence, et le sens (proposition) se présente alors en tant que propriété déterminante.

APPENDICE XVI (AU § 7)

<Notes à propos de la normation des matières et des objets> (1924)

La logique formelle en tant que doctrine formelle des normes dans une généralité « mathématique » – « jugements », propositions normatives en général.

Le « contenu » des propositions <reste> formellement indéterminé. Seules les formes sont déterminées et le système *a priori* des formes est développé.

Si nous pensons maintenant la matière de façon déterminée, grâce à des concepts matériels (ce qui est matériel par opposition à la forme mathématique), nous nous trouvons alors face à la question suivante : quelles sont les matières qui, en elles et en vertu de leur propre sens, comportent des prédicats normatifs ?

Cette matière particulière implique une restriction à des sphères d'objets particulières. À cet égard, les objets des propositions peuvent eux-mêmes être des propositions judicatives et être soumis à la normation du vrai et du faux. Mais il se peut aussi qu'il s'agisse de propositions axiologiques et pratiques, et alors ils sont soumis à la
nouvelle | normation du beau et du laid, du bien et du 350
mauvais. (Seules les propositions peuvent immédiatement être normées). De plus : des propositions négatives peuvent aussi être l'objet d'une ap<erception> ou être pensées selon leurs déterminations ; elles sont liées à différentes sortes de propositions et sont de ce fait soumises à la normation. Prenons le monde ambiant, le tout du monde inclus dans notre champ de connaissance, et demandons-nous : dans quelle mesure y trouvons-nous des objets qui peuvent être soumis à des normes ? Comment le monde peut-il être soumis à des normes ou comment contient-il quelque chose qui puisse être soumis à des normes ?*

APPENDICE XVII (AU § 8)

<L'expérience naturelle et la teneur de sens de ses objets>

L'expérience naturelle, celle des choses de la nature [*naturdingliche*], est le plus bas degré d'une aperception objective. Elle est encore elle-même une formation de connaissance et non pas une sorte de conscience primitive d'expérience au sein de laquelle l'analyse ne pourrait pas trouver d'avance, à titre de composantes, une multiplicité d'expériences élémentaires. Au contraire, elle est à cet égard quelque chose de compliqué et conformément à cela,

* *Cf.* Variante, *infra*, p. 194.

sa teneur de sens autorise également des analyses du sens très ramifiées. Mais ce qui la caractérise essentiellement, c'est le fait qu'elle est une expérience objective et même, en tant qu'expérience purement objective, une expérience ayant un caractère intentionnel primitif et non plus complexe.

En premier lieu, sa donation de sens est telle que le sujet qui fait l'expérience n'a pas seulement la possibilité de trouver d'avance l'objet perçu au sein d'une perception qui se poursuit continûment, à la façon d'un objet qui dure pendant cette perception ; il peut aussi reconnaître l'objet perçu comme le même dans des perceptions séparées, et comme celui-là même qui a continué à durer sans avoir été perçu entretemps et qui peut continuer à durer sans être perçu. De même, il peut le reconnaître comme quelque chose qui n'a pas commencé (ou n'a pas eu à commencer) avec la perception mais qui a pu exister auparavant et aurait pu être perçu. Les choses qui se donnent à chaque fois perceptivement ne se donnent pas non plus seulement environnées par l'horizon des choses passées et des choses perceptibles à l'avenir, mais aussi environnées par des choses perçues et perceptibles simultanément, au moins en tant que possibilité ouverte. Bref, le complexe de toutes les choséités dont on fait actuellement l'expérience, des choséités qu'on perçoit ou dont on se souvient présentement, se donne en tant que noyau d'un monde spatio-temporel infiniment ouvert, un monde de choses qui sont et qui, pour le sujet connaissant, ne sont pas effectivement données, de choses inconnues qu'il pourrait percevoir ou qu'il aurait éventuellement pu percevoir. Des objets de sensation (comme un son, une sensation de couleur, etc.) ne sont, eu égard à leur sens propre, que tant qu'ils sont perçus.
351 Par la suite, ils n'ont plus que l'être du souvenir : ils | furent et furent en tant qu'ayant été perçus [*Wahrnehmungsge-*

wesenheiten]. Mais un objet est ce qu'il est même sans perception. Et ce sens de l'« objet » (de l'objet étant en soi face à la perception et au souvenir) se constitue dans l'aperception naturelle.

En second lieu : grâce à l'expérience naturelle qu'il a, dans son monde ambiant, d'une chair étrangère et grâce à l'expérience empathique (celle qui est spécifiquement psychophysique), chaque sujet de l'expérience a aussi une expérience des autres sujets humains qui l'entourent comme de sujets ayant eux-mêmes une expérience. Mais une fois que l'expérience naturelle de chaque individu réalise les conditions de l'empathie, l'expérience empathique est telle, par essence, que chacun peut trouver chacun des autres avec lesquels il s'entend comme faisant l'expérience du même objet. Cela signifie que chacun introduit en l'autre des expériences naturelles (au sens de l'expérience psychophysique) qui sont en substance données comme des expériences du même objet, et conséquemment du même monde. Chacun introduit certes aussi en chaque autre des sensations et donc des vécus psychiques de chaque niveau. Mais je ne peux jamais avoir actuellement la sensation qui est celle d'un autre, pas plus que je ne peux vivre en moi l'acte qu'un autre vit. Il s'agit là d'objectités subjectives. Mais les objets donnés dans une expérience naturelle sont visés et expérimentés originairement en tant qu'objets en soi. (À vrai dire, la possibilité d'empathiser quelque chose en l'autre (des sensations, etc.) présuppose déjà que des objets soient donnés, et spécialement des chairs en tant qu'objets donnés. C'est ainsi que tous les objets subjectifs pour les autres, alors même que je ne puis en faire directement l'expérience, reçoivent en tant qu'éléments appartenant à des chairs une objectivité et une teneur d'expérience [*Erfahrenheit*] médiates.)

Mes objets d'expérience ne sont pas seulement « étants en soi » face à mes perceptions changeantes et séparées, mais ils sont aussi des objets en soi face aux expériences des différents sujets. Et l'expérience au sein de laquelle un objet m'est donné pose un objet qui est en soi, que j'en fasse ou non effectivement l'expérience <maintenant> et que quiconque d'autre que moi en fasse ou non effectivement l'expérience. C'est un espace objectif, un temps objectif, une nature objective pour tous en tant que monde d'expériences pour une part effectives et pour une autre possibles, expériences qui peuvent être les miennes ou celles de n'importe quel autre sujet qui est avec moi dans une possible connexion spirituelle de type empathique [1].

352 | APPENDICE XVIII (AU § 8 ET À L'APPENDICE XVII)

Le monde donné dans une expérience pure (dans une pure prise de connaissance) et dans des couches de savoir

Quel type de donations de sens les objets et le monde de l'expérience pure reçoivent-ils par le biais du savoir, de l'effectuation de l'action logique ?

Le premier concept de l'expérience pure – précisément dans cette opposition au savoir. L'activité logique qui consiste à déterminer de façon conceptuelle s'empare des objets « indéterminés » de l'« intuition empirique » et en fait les substrats d'un tissu de déterminations. Les <objets> déterminés sont classifiés, sont placés sous des concepts concrets de classes ; des lois sont identifiées et, sur leur

1. *Cf.* une meilleure présentation <Appendice XVIII : « Le monde donné dans une expérience pure (dans une pure prise de connaissance) et dans des couches de savoir », *infra*, p. 162 *sq.*>.

fondement, des déterminations sont obtenues médiatement (déterminations qui ne peuvent être obtenues immédiatement par l'explication des objets intuitivement indéterminés ni par les concepts d'expérience qui leur sont adaptés). Les objets sont dans des relations et dans des tissus de relations d'une forme infiniment ramifiée ; ils s'inscrivent dans un système formel qui n'est saisissable en général que de façon conceptuelle, un système qui contient une multitude infinie de possibilités ouvertes de relations à d'autres objets effectifs et possibles. Et la légalité ici connaissable rend possibles des caractéristiques relationnelles conceptuelles qui déterminent « objectivement » les objets. Ainsi en va-t-il pour les objets de l'expérience extérieure. Sur le fondement de l'expérience et des activités de connaissance qui sont conceptuelles, classificatoires, explicatives et qui se rapportent à ses objets indéterminés, les objets reçoivent pour nous des caractéristiques gnoséologiques, par exemple des appréciations de poids, de température, etc. (exprimées en unités de mesure), de rendement, etc. – une couche de savoir recouvre le monde et ses objets sous la forme d'une quantité variable de déterminations scientifiques qui confèrent au monde un sens logique en tant que sens vrai qui lui revient effectivement ou de façon présomptive.

On distingue au sein de l'idée : 1) l'*objet* lui-même comme unité d'une expérience effective et possible et comme substrat de détermination ; 2) sa *teneur de vérité idéalement* close, l'ensemble idéalement clos des déterminations vraies qui lui reviennent (des concepts, des « prédicats » qui le déterminent véritablement, ou, en un mot, son concept complet, son *essence logique*, sa quiddité logique). On distinguera ici entre, d'une part, ce qui demeure vraiment toujours indéterminé et qui est la présupposition de toutes les déterminations relationnelles individuelles,

le τοδέ τι, ce qui précisément est saisissable conceptuellement et, en son sein, la détermination relationnelle conceptuelle de l'individualité (rapportée à une individualité présupposée avec sa localité individuelle et en dernière instance non-conceptuelle, la détermination conceptuellement locale et indirecte) ; d'autre part, la détermination de l'essence
353 générale | éternelle, de la teneur d'essence concrète, ainsi que sa particularisation dans une figure et une qualification de la figure pour tout moment temporel, et en outre la loi qui rend nécessaire la succession de ces « états » et fait de chaque détermination d'un état la manifestation d'une propriété causale, mécanique et extra-mécanique [1]. Mais tout cela ne réside dans l'horizon scientifique qu'à titre d'idée. Celle-ci désigne néanmoins idéellement et par avance un système de déterminations d'essence vraies mais contenant aussi, de façon concomitante, de nombreuses possibilités de déterminations présumées non vraies (et, de surcroît, non claires, confuses), ainsi que de jugements et de lois présumés se rapportant au monde – système qu'elle désigne en tant que sens spirituel rapporté au monde lui-même (au monde posé et intersubjectivement posé dans une simple expérience par chaque sujet connaissant comme étant le même, et identifié de façon simplement conforme à l'expérience, intuitivement), en tant que sens logique. Le monde intuitif est indéterminé pour autant qu'il est pris abstractivement comme le monde donné purement par l'expérience, a) comme monde pur de toute détermination logique. Mais il est également indéterminé en un autre sens, pour autant qu'il est b) donné dans une teneur d'expérience constamment changeante et accompagné

1. Le pôle objectal individuel, la détermination conceptuelle d'une chose, n'est donc pas son essence générale pure.

d'un horizon infini d'expérience possible. Dans le progrès de l'expérience, chaque objet se détermine plus précisément grâce à une teneur d'expérience plus riche qui se trouve incorporée au sens d'expérience sur le mode de l'habituel. Mais cette détermination n'est pas la détermination logique et cet enrichissement en sens n'est pas un enrichissement en savoir, lequel est bel et bien exclu. Nous distinguons donc l'*auto-détermination* intuitive qui a lieu dans l'expérience pure (et, respectivement, l'être intuitivement indéterminé qui, pour l'objet de l'expérience transcendante, est un être indéterminé à l'infini) et, de l'autre côté, l'*auto-détermination logique* dans des actes de prédication. Tous les prédicats d'objets que la prédication conceptualisante produit comme autant d'enrichissements logiques du sens deviennent, aussitôt qu'ils sont constitués, pareillement habituels et forgent ainsi une teneur de sens durable et permanente de l'aperception simple dans laquelle l'objet est aperçu selon cette détermination. De la même manière, des objets semblables sont désormais aperçus comme dotés d'une teneur logique semblable.

Par conséquent, *le concept d'expérience se scinde en deux* : la saisie intuitivement simple d'un objet, la conscience d'objet intuitive simple en tant que perception et en tant que transformation présentifiante de la perception (ainsi que de ses contreparties vides) est, pour dire les choses de façon générale, une *expérience impure* : elle comporte dans sa teneur de sens des composantes de sens qui sont celles du savoir. Par l'explication, ces dernières peuvent
| être extraites et défaites (« déconstruites ») et c'est ainsi 354
nécessairement (*a priori*) qu'on peut obtenir une *expérience pure*, qui a mis hors-circuit toutes les composantes gnoséologiques du sens.

Nous avons donc constamment un monde présumé par nous comme effectif (et chacun a pour soi un tel monde présumé par lui), et même au fond comme le monde lui-même, comme le monde dont on fait et peut faire purement l'expérience. Et ce monde porte, dans des couches supérieures, chacune des teneurs de sens spirituelles qui sont celles du savoir : il est ainsi le monde déterminé par ce sens logique.

Cependant, ne me faut-il pas ajouter que des jugements portant sur des objets réaux peuvent être 1) des jugements tels que les concepts qui les déterminent sont tirés directement de l'expérience pure, sont de purs jugements d'expérience (jugements de perception) ; 2) des jugements qui ne sont pas formés ainsi. Les objets qui nous font face sont revêtus pour une part de concepts qui s'adaptent purement à l'expérience, pour une autre part de concepts qui sont simplement « traditionnels » et qui, le cas échéant, composent une couche de savoir étrangère à la teneur de l'expérience. La science des objets de l'expérience pure commence par de simples « jugements d'expérience ». Mais ces derniers ne donnent lieu à aucune science objective. Les déterminations dont, « au sein de » la chose, on ne fait pas l'expérience (non perçues ou n'ayant pas été perçues) ne sont pas arbitraires, même si elles peuvent très bien être inconnues et aussi, dans une mesure infinie, demeurer effectivement inconnues. Si la chose est effective et si le monde l'est, elles doivent être constructibles sous la forme d'une expérience possible, ayant été possible ou devant être possible, puis constructibles *a priori* au sein d'une connaissance conceptuelle dans des concepts approximatifs progressifs et conformément à des concepts exacts en tant qu'idées englobantes. S'ajoute alors le problème des qualités secondes, de la liaison de la causalité qui intervient entre les choses avec la causalité des choses qualifiées de façon secondaire comme apparitions de la choséité caractérisée subjectivement qu'on nomme ici « chair ».

APPENDICE XIX (AU § 9)

<Y a-t-il des affections [*Gemütsaffektionen*] produites par des objets passivement prédonnés avec une coloration du sentiment ? > (1920)

La déconstruction.

1) Les objets dans la simple « expérience pure ». Dans la « représentation pure » (en un premier sens), dans une teneur de sens excluant toutes les couches de sens issues d'actes logiques.

2) Comment l'objet est-il ou peut-il être constitué avant toute action [*Aktion*] logique ? Avant cette action, il peut déjà y avoir (et il y a en règle générale) les donations de sens de l'affectivité ou de la volonté.

| À « l'arrière-plan » (conscient dans le vivre **355**
« prédonateur »), un objet affecte. Sous le terme d'« affection » [*Affektion*], on peut comprendre la « stimulation » à se tourner vers l'objet en le considérant ou en le saisissant. Si je réponds à la stimulation, alors l'acte est un acte doxique. L'intentionnalité qui correspond à l'objet était déjà consciente précédemment sur un certain mode, mais c'est maintenant seulement que l'*ego* l'actualise en se consacrant à l'objet tel qu'il est et tel qu'il se tient face aux autres – et ce, en faisant activement l'expérience et en pensant activement. Peut-on dire également et établir parallèlement que l'« objet » n'affecte pas seulement l'entendement, l'*ego* d'entendement, mais aussi l'affectivité, l'*ego* qui ressent ? De même que l'*ego* possède un arrière-plan d'expérience qui lui est étranger ainsi qu'une passivité

au sein de laquelle il possède « inconsciemment » des objets qui l'affectent et qui peuvent devenir des objets actuels de pensée ou d'intuition, de même a-t-il un arrière-plan passif affectif : des objets touchent l'affectivité, il y a déjà à l'arrière-plan des colorations affectives qui forment la dimension subconsciente du sentiment [*das Gefühlsunterbewusstsein*] et qui affectent à leur manière l'*ego* qui ressent. Ce qui veut dire que l'affection conduit à l'orientation affective, que le sentiment passif se change en un « j'y-prends-du-plaisir » actif.

Dans la sphère doxique (objets), nous trouvons l'impression, mais aussi la « représentation » et, de façon correspondante, la perception, la croyance (et sur le mode de l'anticipation : le pressentiment, la présomption…). Dans la sphère affective (valeur), nous avons la sensation actuelle de plaisir ou de déplaisir, mais aussi la référence anticipée à un plaisir ou un déplaisir futurs, possibles, ainsi qu'aux mouvements de souhait [*Wunschregungen*] qui y sont liés, etc. ; nous avons aussi des ressentis [*Erfühlungen*] passifs pulsionnels où l'*ego* ne joue aucun rôle. Tout cela peut-il être pris en considération du point de vue de l'affection ? Des mouvements de souhait affectent l'*ego*, qui se tourne vers… : il devient *ego* qui se représente activement, qui pressent activement, mais aussi qui souhaite, désire, veut et agit actuellement.

En ce qui concerne la constitution d'objets précédant toute configuration logique, nous pouvons donc avancer les éléments suivants : en premier lieu, quelle que soit la façon dont des objets déjà constitués touchent l'affectivité, ils tiennent de cette dernière, avant qu'elle se tourne vers eux, une coloration subjective du sentiment ; ou encore (puisque cela ne convenait que dans certains cas), le sujet passif se comporte relativement à l'objet sur le mode du sentiment et selon l'une quelconque de ses modalités, telles qu'elles peuvent être motivées dans la passivité. Mais cela peut agir sur l'*ego* en l'éveillant : l'*ego* « exerce » des prises de position de l'ordre du sentiment ou accomplit des actes de volonté. Il en résulte des caractères de sens dans l'objet, qui peuvent eux-mêmes être saisis. C'est ainsi que de telles couches de sens se constituent sur les objets, ou encore des objets de degré supérieur pourvus de telles couches de sens. Inversement, les objets du monde ambiant et même les objets d'arrière-plan qui nous affectent théoriquement ou de quelque autre manière que ce soit possèdent déjà de telles couches de sens – dès lors, la déconstruction.

| APPENDICE XX (AU § 11) **356**

<Tâche et limite de la psychologie comme science de la nature> (1920)

Une psychologie purement phénoménologique qui, quant à elle, va inséparablement de pair avec la psychologie de l'intériorité psychique passive et ses motivations. Il apparaît néanmoins que le plus essentiel de ce qu'il s'agit ici d'opérer – et sans quoi on ne peut absolument rien opérer qui ait sérieusement quelque valeur – est une psychologie apriorique, conçue plus précisément comme doctrine d'essence d'un *ego* pur en général et de sa vie active et passive. Dans une telle pureté, ce n'est pas autre chose que la phénoménologie pure – jusque dans son attitude. Alors que si c'est la vie égoïque factuelle de la subjectivité factuelle que nous voulons connaître au sein d'une science empirique, sont requises[1] :

1. Dans la phénoménologie transcendantale, le monde est posé par avance comme phénomène. Mais cela n'a pas été le cas dans nos considérations.

1) une science physique de la nature et une biologie physique ; 2) en relation avec ces dernières, une psychologie extérieure, une psychologie causaliste à la façon des sciences de la nature, qui étudie ce qui est psychique-causal selon ses dépendances empiriques. C'est assurément à elle qu'il revient de rechercher les connexions causales immédiates entre la charnellité (en tant que charnellité physique) et le psychique, le psychique comprenant ici le royaume entier de la subjectivité égoïque, et donc aussi les *data* de sensation, en un certain sens étrangers à l'*ego* et pourtant subjectifs. Elle doit décrire en outre l'ensemble de la typique empirique de l'humanité et de l'animal dans une perspective psychophysique et la fixer dans son extériorité objective par des concepts, y compris des concepts d'une genèse biologique extérieure (évolution). C'est ici qu'on trouve la physiognomonie extérieure, la caractérologie, etc.

Dans cette manière de procéder, une empathie plus ou moins claire est toujours accomplie. Naturellement, la « clarté » est nécessaire autant que possible : elle permet de vivre indirectement [*Nachleben*] l'intériorité étrangère et, dans une réflexion concomitante, de saisir concrètement le type d'ensemble, de la même façon que nous saisissons couramment ce qui est psychique et que nous élaborons les concepts empiriques de la vie quotidienne, y compris ceux des types des vécus et des espèces d'actes comme la perception, le souvenir, etc. À cela correspond, dans l'extériorité de la nature, l'acte concret de la saisie des types de choses phénoménales, dont la description scientifique requiert qu'elles soient décomposées et déterminées par des types partiels au sein de l'expérience typifiante. Il en va de même dans la description des types individuels concrets, y compris les types de peuples, de

situation sociale [*Standescharaktere*], etc. C'est avec de tels types qu'on opère | dans la psychologie qui procède 357
extérieurement par expérimentation et selon des méthodes statistiques, y compris dans la psychologie de la mémoire.

Une psychologie effectivement explicative en tant que psychologie extérieure, causaliste, n'est pas possible comme psychologie « exacte » puisque même pour les dépendances psychophysiques (charnelles-sensitives [*leiblich-sensuellen*]) les plus immédiates, les *data* de sensation et les sentiments sensibles ne sont accessibles que dans une typification et ne peuvent avoir d'autre objectivité que celle de quelque chose d'approximatif, identifiable moyennant des concepts typiques – ce qui ne porte aucun préjudice à sa valeur. *Seule la psychologie qui explique de façon compréhensive est une psychologie scientifique exacte*[1].

La psychologie de l'extériorité du type des sciences de la nature est un complément essentiel de la biologie (physiologie), plus précisément en tant que somatologie de la charnellité animale ; elle seule rend possible une détermination de l'organisme (comme système d'organes et comme charnellité d'une spiritualité) qui soit conforme aux sciences de la nature. Et dans l'extériorité, dans l'empirie et dans cette liaison psychophysique, la spiritualité est naturellement une partie de la science de la nature, aussi intéressante que toute autre science de la nature. – Mais une étude des structures psychiques dans leur

1. Ce n'est pas bien dit. Pourquoi « seule » ? Il faudrait dire qu'une psychologie scientifique doit élaborer au premier chef <une> eidétique phénoménologique de l'intériorité psychique, une doctrine des structures d'essences de l'*ego cogito*, et qu'une psychologie comme science complète et rigoureuse requiert ensuite et à la fois une connaissance inductive conduisant à la connaissance structurale fondamentale.

intériorité, l'analyse psychique dans son véritable « élément psychique », telle est l'analyse phénoménologique. Elle exige en définitive une connaissance transcendantale qui transfère la connaissance de l'objectivité dans la subjectivité de la constitution et qui la rend ainsi, de même que la spiritualité elle-même, compréhensible.

APPENDICE XXI (AU § 12)

<Couches des significations spirituelles dans le monde ambiant. La loi de la conventionnalisation>[1]

1) Pour l'homme pensé de façon solipsiste, les objets physiques reçoivent des significations axiologiques et finales relativement permanentes.

2) Si nous prenons l'homme qui, par empathie, a des animaux et d'autres hommes dans son monde ambiant, alors les actes sociaux qui sont ainsi rendus possibles
358 | permettent à un élément nouveau de faire son apparition dans le monde : dans le monde ambiant de l'homme qui devient à présent une personne[2], se développent des liaisons entre les personnes et des touts de personnes, des unités personnelles de degré supérieur. Dans mon monde ambiant, il y a des familles, des amitiés, des mariages, des associations, un parlement, un État, une assemblée de conseillers municipaux, etc. Et nous avons alors « une signification spirituelle » selon différents sens :

1. Le développement des p. 134-137 est trop orienté sur la séparation des significations spirituelles du monde ambiant physique ; à titre de complément, *cf.* les liasses d'anciens manuscrits dans « nature et esprit ».

2. Au sens social courant (de façon plus générale : sujet-substrat d'intentionnalités).

a) Père, mère, fils, maître, valet, employé, officier, député, président d'association, secrétaire, etc. – « organe », « fonctionnaire » d'une communauté sociale.

b) De plus, les personnes agissent sur les personnes en s'exprimant. Des formes permanentes d'expressions se développent, qui se diffusent sous la forme de la tradition et produisent leur effet dans la diffusion : les personnes agissent ainsi médiatement au sein d'un monde ambiant personnel ouvert, sans même avoir connaissance les unes des autres, sans entrer dans une relation je-tu. Une langue se développe en tant que manière coutumière de s'exprimer, en tant que système de signes communicatifs pratiques possibles (unités possédant une forme sensible typique ainsi qu'un sens spirituel) et qui sont identifiables[1]. La langue a pour ainsi dire une chair linguistique et un sens linguistique (signification). C'est de la même façon qu'une coutume se forme : par exemple dans la façon dont on mange, dont on s'habille pour le repas, dont on présente le plat à autrui, la façon dont on accueille l'invité, dont on exprime la satisfaction après le repas, etc., la façon dont on se salue dans la rue, dont on entre comme visiteur, etc. Le problème de la « convention », ainsi que du prolongement de ses effets et de sa formation par la tradition[2].

c) L'œuvre en tant qu'ouvrage : la spiritualité qui se développe comme convention, qui est attendue

1. Le mot articulé se propage de « bouche à bouche ». Il est dans chaque cas expression et moyen d'un effet personnel de celui qui parle sur celui à qui la parole est adressée. Mais chez celui qui parle il est un mot, quelque chose de produit selon ce caractère langagier, et c'est ainsi qu'en tant que mot transmis et transmissible, il a un être caractéristique qui, au sein des personnes, provient des personnes.

2. Non pas comme une entente volontaire mais comme une figure traditionnelle se développant à partir de la réunion des personnes [*Zusammenkommen*].

conformément aux habitudes comme quelque chose d'usuel dans certaines circonstances – ce qui convient – et qui appartient au style fixe de la vie comme vie communautaire, est une autre spiritualité que celle que possède une effectuation comme telle, une œuvre comme telle. Et ce, bien que l'effectuation puisse avoir (et finira par avoir) en soi un style conventionnel en guise de forme, provenant justement de la tradition (donc non pas de l'individualité du sujet de l'effectuation relativement au but individuel mais de la motivation externe de l'imitation, de la sensation partagée, etc.).

359 | d) En outre : les personnalités de degré supérieur ont, en tant qu'unités socialement liées, leurs corrélats dans des buts et des effectuations internes ou externes, de sorte, donc, que de même que nous avons des buts, des actions et des effectuations solipsistes et individuels, de même avons-nous des buts, des effectuations et des actions communautaires. Ces dernières <sont> caractérisées par le fait qu'elles sont des unités synthétiques de positions de buts, etc., rapportées aux multiples sujets sans pouvoir se résoudre en une somme de buts individuels, d'effectuations et d'actions individuelles. Toute résolution de ce type est illusoire et pèche contre le sens, lequel a nécessairement une polarisation et une connexité personnelles multiformes. C'est ainsi que l'œuvre communautaire a une autre signification spirituelle qu'une œuvre individuelle, tout comme l'action du sujet individuel en tant que membre de la communauté ! Et de plus, d'après a) : la constitution d'une personnalité d'ordre supérieur produit pour chaque personne qui y prend part la signification d'une fonction : elle est fonctionnaire de la personnalité communautaire.

Mais tout ce qui est spirituel tombe sous la loi de la conventionnalisation : il prend une forme conventionnelle et a tendance, selon sa propre originarité, à voir son sens nucléaire s'appauvrir. Tout sujet individuel tombe sous la loi de l'habitude. Dans ses actes de penser, d'évaluer, dans son agir, et de façon générale dans sa vie où il agit en suivant ses aspirations, tout élément nouveau (prenant originairement sa source de l'*ego*) fonde la tendance à une habitude. Tout sujet a ainsi son but vital. Dans la communication, toute vie déployant ses effets entre ses membres (les déployant par « tradition ») fonde la tendance à une habitude communautaire, à une convention. Tout nouvel agir d'un individu aussi bien que d'un membre d'une communauté possède un mode de l'habitude, et de ce fait, le style vital, la forme conventionnelle elle-même se développe aussi conformément à la loi de l'habitude et de la convention. Une convention est quelque chose de relativement permanent qui continue pourtant à se développer, et toute modification est elle-même conventionnelle.

| APPENDICE LIV (AU § 12) **XIII, 470**

<L'empathie comme « expérience intérieure » Les monades ont des fenêtres> (Semestre d'été 1920)[1]

Grâce à nos réflexions, nous voyons maintenant clairement quel est le lien entre les sciences de l'esprit et la psychologie. Tout comme l'homme en tant qu'objet de l'expérience a pour ainsi dire un double visage : un qui
| se tourne vers la nature et l'autre vers l'esprit ; ou, pour **471**

1. L'Appendice LIV a finalement été inclus dans la liasse A IV 22 des manuscrits de Husserl et a été édité dans le volume XIII des *Husserliana* : cf. *Zur Phänomenologie der Intersubjektivität, Erster Teil*, Hua XIII, 470-475 – NdT.

le dire encore plus clairement, tout comme l'homme en tant qu'être psychophysique fait partie de la nature et, d'un autre côté, en tant que sujet psychique et *ego*, est un co-porteur de la spiritualité, les directions de la recherche se scindent aussi en deux. L'une d'elles se rattache à la science de la nature, l'autre à la science de l'esprit, ou plutôt, elle est science de l'esprit. Car l'esprit au sens premier est l'*ego* personnel et pré-personnel lui-même (c'est-à-dire aussi l'*ego* animal). Tout ce qui est habituellement qualifié de « spirituel » a son origine dans l'*ego* compris en tant que sujet des actes égoïques et dans ses effectuations. (« Origine » a donc ici de nouveau un sens spirituel, en vertu duquel rien n'a son origine dans la nature physique). L'attitude qui consiste à se tourner vers l'homme en tant qu'esprit peut très bien être décrite comme une attitude tournée vers l'*intériorité*, tandis que l'attitude tournée vers l'homme en tant que nature peut être décrite comme une attitude tournée vers l'*extériorité*. S'exprimer ainsi est correct, même si en un certain sens l'homme que je rencontre m'est donné, ainsi qu'au psychologue, extérieurement. Car je dois faire l'expérience de sa chair et atteindre par l'empathie et par l'intermédiaire de l'expérience de sa chair sa subjectivité spirituelle et la vie profonde de son âme. Donc même s'il vise la spiritualité et, de façon générale, la vie intérieure en son essentialité propre, il doit le faire au moyen de l'extériorité, tout comme il doit aussi d'un autre côté, s'il est psycho-physicien, avoir l'âme elle-même d'une façon ou d'une autre, et peut aussi l'avoir en soi dans son intériorité. Mais nous pouvons aussi vouloir dire autre chose lorsque nous parlons d'extériorité et d'intériorité. Est extérieur ce qui est transcendant empiriquement, ce qui, comme la chose, est donné à travers des « apparitions », à travers une multiplicité de présentations, comme ce qui s'y présente unitairement. C'est le royaume de la réalité au sens de ce qui n'est pas spirituel. Y est également inclus tout ce qui est psychophysique avec sa causalité. L'intériorité est pour sa part le royaume de l'immanence irréale, de ce qui est donné ou doit être donné en son essentialité en tant que vécu absolu opérant intentionnellement, comme l'est par exemple la vie intérieure qui m'est propre, à moi qui la vis, une vie que je peux m'approprier réflexivement, que je peux étudier en son essentialité propre dans la réflexion, dans le ressouvenir clair et répété et dans la réflexion fondée sur le ressouvenir. Je peux cependant faire la même chose *pour autrui* par le *moyen de l'empathie* : dans la mesure où elle atteint effectivement sa cible et se confirme, je saisis alors un vécu psychique absolu en son essentialité propre.

Il faut faire attention au fait que les deux choses suivantes sont des choses bien différentes, que ce sont des *attitudes fondamentalement différentes* : a) m'établir sur le sol de la nature physique dans l'expérience purement physique, diriger mon regard théorique sur une objectivité physique et, dans cette attitude, examiner l'âme seulement du point de vue de la causalité psychophysique (une causalité transcendante), et b) s'établir | purement sur le 472
sol de l'essentialité primordiale de l'âme, donc délimiter l'expérience pure de la façon suivante : que toute « transcendance » qui dépasse la subjectivité elle-même (qu'elle soit en elle-même posée ou bien posée par moi en tant que psychologue) reste extérieure à la position d'expérience. Je ne pourrais bien sûr accomplir aucune empathie, autrui ne pourrait pas être là en tant que réalité pour moi, si je n'avais pas une certitude expérientielle de l'existence de sa chair et des indications produites par ses mimiques, par ses expressions charnelles. Mais cela ne

veut pas dire que je permets à cette expérience de déterminer le sol de la recherche elle-même. Elle ne sert qu'à me conduire à l'empathie, et seule l'empathie fournit le sol d'expérience de la psychologie compréhensive, faisant partie des sciences de l'esprit. Dans la mesure où le type d'expérience propre à la psychologie de l'extériorité est essentiellement différent du type d'expérience propre à la psychologie de l'intériorité, on peut dire parallèlement que la psychologie psychophysique repose sur l'« expérience externe », alors que la psychologie de l'esprit repose sur l'« expérience interne ».

Mais cette expérience tournée vers l'intérieur n'est pas qu'une simple expérience interne, une perception interne au sens habituel. Elle embrasse celle-ci, mais auquel cas déjà le type d'attitude ne doit pas être méconnu, elle embrasse en même temps l'empathie et elle le fait dans cette même attitude tournée vers le psychique tel qu'il s'offre en son essentialité propre et selon les motivations immanentes qui y règnent. Il est important également, ce dont on mesurera toute la portée, que l'on ne tienne pas pour allant peut-être de soi l'idée selon laquelle une psychologie de l'intériorité doit être une psychologie individuelle ; ni l'idée selon laquelle toutes les relations spirituelles entre les individus et grâce auxquelles la socialité s'établit, toutes les unités spirituelles qui les englobent seraient fictionnelles tandis que ce qui procède du psychique ne se produirait qu'au sein de sujets individuels. De telles idées proviennent à nouveau de la substitution de la psychophysique à la psychologie en son sens essentiel. Le psychophysique ne se produit que dans l'âme individuelle et dans sa liaison individuelle avec la chair qui lui appartient. Si l'âme n'était rien de plus qu'une simple partie de la nature, alors chaque événement psychique réal serait aussi un événement dans les âmes des individus et la liaison des âmes les unes avec les autres serait une liaison totalement médiate, à savoir une liaison médiatisée par les relations physiques entre les chairs, par des vibrations de la lumière, des vibrations sonores, etc.

Mais tout cela est absolument faux. Cette psychologie entièrement individuelle est une pure fiction. Rien de tel n'existe. On peut certes concevoir un *ego* qui vive de façon solipsiste et qui ne rencontre aucune subjectivité étrangère dans sa pauvre existence, et qui doit donc aussi alors avoir une pauvre spiritualité. On peut également, par conséquent, concevoir une psychologie individuelle en tant que psychologie de ce possible *solus ipse*. Mais au sein du monde humain et animal, une psychologie individuelle de l'homme est un *nonsens* [1], tout comme également le serait une psychologie individuelle de l'animal au sein du monde animal et humain. Cette idée présuppose, comme je l'ai dit à l'instant, que l'on fasse de l'âme une | monade close, **473**
une monade dont la cohésion de la vie est une cohésion close sur elle-même du point de vue réal, de sorte qu'aucune relation réale, à savoir de la forme essentielle qui est celle des relations de motivation, ne puisse avoir lieu entre cette monade et les autres monades. Mais nous faisons alors face au contresens suivant : dans l'expérience mondaine, nous avons d'un côté les relations amicales, amoureuses, les associations, les peuples, les États, etc., qui sont par conséquent constamment l'objet de nos énonciations, lesquelles prétendent être des vérités rationnelles fondées sur l'expérience ; de l'autre côté, nous faisons de chaque homme un *solus ipse*, un être solipsiste au milieu de la réalité vivante de la communauté. Leibniz disait que les monades n'ont pas de fenêtres. Mais je suis pour ma part

1. *Sic* – NdT.

d'avis que chaque monade ayant une âme a des fenêtres infiniment nombreuses. En effet, chaque perception compréhensive d'une chair étrangère est une telle fenêtre, et chaque fois que je dis « je vous prie, cher ami » et qu'il me répond de façon compréhensible, un acte de mon *ego* passe dans l'*ego* de mon ami par nos fenêtres ouvertes, et il en va aussi de même dans l'autre sens. Une motivation réciproque a établi entre nous une unité réale, une unité effectivement réale. Et l'amour va effectivement d'âme à âme, et lorsqu'un ordre est donné la volonté de l'un agit fermement et immédiatement sur la volonté d'un autre, sur la volonté étrangère, ou plutôt un sujet ayant une volonté agit sur un autre sujet. Déjà lorsque je vois une chose, le seul discours correct consiste à dire que la chose est, par rapport à moi, dans une relation immédiate, et dans une relation réale, la seule relation psychique immédiate qui existe de moi à elle. Il serait faux d'y mêler quoi que ce soit de psychophysique. Outre cette relation immédiate, il y a aussi la relation médiate qui prend une tout autre forme : celle de la relation causale.

De plus : c'est avec raison que l'on parle d'une unité réale entre l'âme et la chair, bien que la chose charnelle soit en soi et qu'elle ne puisse pas, en tant que *res extensa*, être chosalement liée à l'âme dans l'espace. L'expérience donne ici une liaison particulière à cette expérience, ayant le sens d'une causalité psychophysique : elle est une liaison irréalement réale, parce que cette sorte d'expérience peut justement, à sa façon, se confirmer en sa concordance ; et si elle le fait de façon conséquente, alors la liaison est indubitable. C'est ainsi que la chose « ma chair » m'est donnée directement, et si je la meus volontairement, alors mon *ego* pratique et son acte sont directement rapportés à ma chair, ils agissent directement sur elle et indirectement par elle sur les choses extérieures. Mais cette médiation n'est pas la médiation psychophysique de la causalité naturelle, dont il n'est pas du tout question ici.

De même, l'expérience particulière de l'empathie, tout comme l'expérience des actes sociaux (compris en tant qu'actes du je-tu) qu'elle rend possible, montre que ce qui est déclenché en tant qu'acte par un premier *ego* rencontre un autre *ego*. La rencontre se confirme dans l'expérience, elle se confirme dans des actes de réponses et dans le caractère entièrement conséquent des actions échangées de part et d'autre [1]. Dans la confirmation, autrui n'est pas qu'une simple | représentation au sein de mon expérience; **474**
il s'atteste au contraire en tant qu'existant effectivement. Et l'effet sur autrui ne correspond pas qu'à mon simple comportement qui m'est subjectif; l'effet s'atteste au contraire en tant qu'effet indubitable que j'exerce sur lui, sur lui directement, lui qui me regarde dans les yeux, qui entend mes mots : mes *mots*, et non pas les vibrations de l'air du physicien ni les processus nerveux du physiologiste.

Toutefois, l'autre qui me motive ne m'est en même temps présent que sous la forme d'une représentation présentifiante, semblable à la façon dont le passé m'est maintenant présent sous la forme d'une présentification. Mais ici je dois aussi dire ceci : lorsque je ressens des regrets parce que j'ai commis une faute la veille, ce n'est pas mon souvenir actuel de ma faute qui me motive, mais plutôt le fait que j'ai hier commis une faute, même si c'est seulement par une présentification que je suis conscient que c'est mon méfait et même s'il ne peut me motiver que

1. L'agir est un *actus* [*Aktus*] de l'*ego*, et l'effet un *actus* d'un autre *ego*. Au sens spécifique, l'agir est un « je-veux » actif ; à l'inverse, le subir d'autrui « fait effet rétroactivement », c'est-à-dire : il est un *motif* pour ma nouvelle action [*Tun*].

si j'en ai conscience [1]. Dans cette mesure, chaque âme est une monade. Il n'y a que ce dont elle est consciente qui peut la motiver. C'est pourquoi l'*ego* étranger doit m'être conscient, je dois objectivement en avoir conscience, et il va de soi que la loi d'essence suivante est valide : aucun avoir-conscience, aucune donnée immanente ni aucun de mes vécus, ne peut être celui d'autrui. Mais cet avoir-conscience est justement la fenêtre par laquelle je peux aussi parvenir jusqu'à autrui et l'atteindre avec ma motivation [2]. Et cette motivation, c'est-à-dire le rayon partant de mon *ego*, le rencontre immédiatement, car il ne fait pas de sens de parler, dans le cas de la motivation, d'une médiateté à moins qu'elle procède à son tour d'une motivation. La motivation est médiate lorsque je transmets quelque chose à un ami au moyen d'un messager ; mais au début, elle rencontre justement de façon immédiate le messager. Il y a aussi une médiateté lorsque j'écris une lettre en tant qu'œuvre de mon esprit et que j'y incorpore en quelque sorte ce que je souhaite. C'est alors la chose qui devient, dans un certain mode d'apparition normal, le porteur de sens et le médiateur [3]. Pourtant, comme il est toujours important d'étudier les connexions qui subsistent

1. Dans mon présent égoïque je suis directement rapporté à l'*ego* passé et à son méfait passé ; sauf que par essence, aucun effet sur le passé n'est possible, bien qu'un effet du passé sur le présent soit bien possible.

2. Mon *ego* passé peut également parvenir à moi qui est présent.

3. En tant que lettre, la chose fait directement effet sur moi seulement lorsque je la vois, lorsque je la tiens à telle ou telle distance devant moi, de façon à ce que je puisse différencier les caractères et saisir les mots et les propositions dans l'espace de la vision. Ce qui veut dire que pendant que je vois constamment l'objet en tant qu'objet effectif, j'ai justement la différence entre le proche et le lointain, l'objet vu a en tant que tel ses différences d'orientation. Mais il ne les a pas « en soi » : il ne les a que pour moi. Et il a donc, en tant qu'objet qui est mais qui est là pour moi, ses « modes de donation » qui sont subordonnés à

dans l'immanence de la conscience d'une monade ou d'une âme individuelle, il est ici capital que ce soit par l'intermédiaire de la conscience qu'ait lieu une motivation intersubjective, laquelle | n'est pas un vécu flottant entre 475
deux âmes, mais au contraire une activité intentionnelle qui, depuis un *ego* et en passant par une conscience dans laquelle autrui est présentifié, <se porte> sur l'autre *ego*[1].

L'autre *ego* m'est présent comme un autre homme, comme une unité charnelle-psychique. Mais je dois aussi saisir cette unité concrète dans son mode de donation (comme la lettre : cf., *supra*, p. 182, n. 3). Il est certain que j'ai là un « en-soi » : pour la chair, comprise en tant que chose physique, j'ai la détermination de l'en-soi de la causalité, et il en va de même pour l'unité psychophysique. Mais l'homme dont je fais l'expérience a pour moi son mode de donation, et il est présent en lui ; et si ce n'est pas une illusion, alors il entre effectivement, lui-même et directement, en relation avec moi.

| APPENDICE XXII (AU § 13 B) XXXVII, 359

<Clarification de l'ambiguïté du mot « évaluer »> (1924)

Lors de la distinction entre les recherches normatives et non-normatives de l'esprit et face à la question des sciences de l'esprit évaluatives – la clarification de l'ambiguïté du mot « évaluer » :

J'ai intentionnellement évité ce mot et j'ai toujours parlé de l'acte de « normer » et j'ai utilisé corrélativement

mes modifications arbitraires. Que je sois *directement* rapporté, dans l'« intériorité », à l'objet qui est n'y change rien.

1. Motivation : il faut distinguer la motivation objectivement spirituelle et la « motivation » phansiologique.

le mot « vérité » au sens large au lieu du mot « valeur ». Pour le terme « normer », nous avons une expression allemande qui convient très bien dans les faits : « vérifier ».

1) L'acte d'évaluer en tant qu'acte qui consiste à considérer axiologiquement, en tant que comportement de
360 l'ordre de l'affectivité ou bien de la volonté. | « Quelque chose a de la valeur <pour> quelqu'un », cela veut très souvent dire que quelque chose, une chose ou une personne, lui est cher, qu'il le trouve attrayant, etc. Il s'agit donc ici d'un comportement de l'ordre de l'affectivité, d'un comportement du sentir, d'une « considération axiologique ».

Chaque fin et chaque moyen sont en ce sens considérés axiologiquement. On dit également par la suite de chaque « bien », de ce qui est utile en tant que tel, qu'il est une valeur. On nomme également « valeur » les biens ; les buts du désir et de l'effort pratique, les buts de la volonté. Dans ces cas, il n'est pas encore question de la normation. Il n'est question de la normation que lorsque l'on se demande si ce qui plaît, ce qui est beau, etc. est véritablement quelque chose de beau, si ce qui est bien est véritablement quelque chose de bien.

2) En lien avec ce qui précède, mais sans nulle référence à l'affectivité, la langue utilise le mot « évaluer » comme synonyme de « vérifier la valeur », en se référant à des normations de toutes sortes. Examiner le droit d'une affirmation (évaluer après coup), c'est-à-dire rechercher les « raisons », donc normer logiquement ; estimer une action – examiner si elle <est> en vérité une bonne action ou non ; estimer une œuvre d'art, une belle œuvre, etc.

3) Puisque l'acte de vérifier la valeur rappelle l'acte de vérifier la mesure, équivaut pour ainsi dire à mesurer les visées logiques, esthétiques et éthiques par rapport à la vérité correspondante qui fait office d'« unité de mesure

normative » (tout comme il y a dans l'acte de mesurer un acte qui consiste à l'appliquer à quelque chose et à regarder si cela coïncide ou non, si c'est exact ou non), alors tout acte de vérifier la mesure se dit également « vérifier la valeur » : valeur monétaire, cours de la valeur monétaire, cours du titre, ce en fonction de quoi se calcule la valeur nationale de l'économie, laquelle est un bien axiologique. Finalement, on « vérifie » la longueur d'un bâton, par exemple de 100 <c>m, on « apprécie » le poids d'une pierre à 5 kg, etc.

VARIANTES

P. 269, l. 21 :

[460] Les connexions d'essence absolument nécessaires entre l'*ego*, l'acte de l'*ego*, le sens et l'objet dont nous avons parlé dans la dernière leçon, fournissent tout de suite des connaissances importantes, à supposer que l'on soit prêt à voir clairement comment l'imbrication du sens dans l'acte, de l'objet dans le sens et de l'objet dans l'acte (d'ailleurs aussi de l'*ego* dans l'acte et de l'acte dans l'*ego*) n'est pas une imbrication réelle, n'est pas un être-contenu réel, comme une partie dans un tout.

P. 278, l. 15 :

[463] Des considérations importantes sont rendues possibles grâce à nos dernières analyses. Commençons encore par la sphère judicative, pensons les sujets égoïques en tant que sujets connaissants, dirigés vers **[464]** des objets de connaissance et vers leur détermination scientifique. Qu'est-ce qui rend la science possible ? La science est l'idée d'une certaine totalité close, idéalement close, de propositions vraies, et évidemment ce sont des propositions déterminées conceptuellement qui sont visées, comme les propositions énonciatives. En elles apparaissent dans le langage, en tant que concepts déterminants, des mots généraux comme « couleur », « droit », « guerre », etc. C'est le royaume du *logos*, de la vérité théorique, scientifique. Comment caractériser plus précisément cette totalité, qui n'est pas qu'un quelconque ramassis de vérités ? Manifestement, les vérités doivent être intimement liées, et cela nous renvoie à nouveau aux objets qui sont déterminés en elles. Ils doivent être homogènes, et cela veut dire que tous les concepts qui les déterminent doivent avoir une *homogénéité* conceptuelle, par quoi nous revenons à une idée générique suprême comme « nature », « esprit », et ainsi de suite, qui préfigure *a priori* ce qui est ou non inclus dans le « domaine » que l'on nomme ainsi, dans le domaine de cette science. La science peut être une science empirique ou apriorique selon qu'elle porte sur des réalités effectives individuelles ou sur des possibilités purement idéales, ou plutôt sur les essences et les lois d'essence générales qui leur appartiennent.

P. 284, l. 31 :

[466] À titre de noyau, il reste le [monde] spatio-temporel intuitif et sensible en tant que [monde] pour ainsi dire complètement dépourvu de raison ; il est bel et bien dépouillé de tout sens procédant des royaumes de la raison. Il nous reste pourtant des possibilités de déconstruction. De même que toute activité de connaissance renvoie à une passivité, que toute détermination prédicative renvoie ultimement à un substrat qui n'est plus déterminé prédicativement et ne contient aucun sédiment prédicatif, de même en va-t-il également pour toute activité relevant des actions parallèles. Et chacune possède ses propres sources de passivité. Ce que présuppose la prise de position activement évaluante (et même la plus simple), c'est le sentiment sensible qui fonde quant à lui une pulsion sensible. Le sentiment sensible – il possède un caractère axiologique passif, mais il y a pourtant sous lui la sensibilité la plus inférieure, celle que nous obtenons par déconstruction de ce qui se fonde sur le sentiment. <*Ensuite, entre guillemets* :> Si nous la supprimons en pensée, alors plus aucune donation de valeur ni aucune donation pratique de sens n'est possible.

P. 285, l. 20 :

[466] Comment pouvons-nous isoler les sciences qui se trouvent sous les sciences formelles et principielles de différentes sortes fondamentales, **[467]** sous les différents domaines des normations (qui dépendent donc de leur critique principielle, de leur critique logique, axiologique et éthico-pratique) [...] ?

Abstraction faite du fait qu'elles sont justement des sciences et qu'elles dépendent donc de la critique de la logique formelle, comment pouvons-nous délimiter, grâce à la teneur de sens originaire de leur domaine de recherches, les sciences qui permettent et exigent une critique ? Est-ce que cela vaut pour tous les domaines scientifiques ? Ou est-ce qu'il n'y a pas plutôt des sciences qui, en regard de leur teneur de sens originaire, et donc du sens de leur objectité, excluent toute critique ? Les premières sciences fonderaient alors à côté d'elles des sciences normatives en tant que sciences s'appuyant sur elles ; les autres non. Il est clair qu'une telle distinction doit exister. Les prédicats normatifs, les prédicats de la vérité, ne peuvent porter originairement que sur le sens et, médiatement, sur les actes en tant qu'actes du sens en question ; sur les objets, mais seulement dans la mesure où ils sont devenus porteurs de sens, seulement dans la mesure où ils ont gagné une affirmation de sens. Nous devons encore clarifier ce que cela veut dire.

P. 295, l. 9 :

[469] Si nous procédons de la sorte pour une chose intuitive quelconque (une table, une maison, un tableau), nous reconnaissons alors par exemple qu'il s'agit de quelque chose de beau, d'une œuvre d'art, d'un livre avec un texte de couverture signifiant ceci et cela, un titre et un auteur, etc. Tout cela a disparu. C'est une simple chose naturelle qui est là, une chose spatio-temporelle avec des propriétés physiques, une chose constituée grâce à une aperception passive, donnée au sein d'une expérience qui ne contient rien qui relève d'un sentir (en tant qu'expérience empathique d'un agrément ou d'un désagrément), rien qui relève d'une pensée, de quoi que ce soit qui renvoie à une activité de la raison. À titre corrélatif, nous avons ici obtenu : **[470]** 1) l'expérience purement naturelle [naturale] en tant qu'expérience pure au sens le plus fondamental qui soit, à l'opération constitutive de laquelle aucun sentiment ne prend part ; 2) le pur objet naturel avec ses formes « espace », ou plutôt « espace-temps », et, en tant qu'objets d'expérience pure, les catégories qui sont les siennes telles que la causalité et la substantialité naturelles.

Le monde ambiant (et tout monde ambiant d'un *ego* rationnel à définir) possède donc en soi un fonds nucléaire à extraire par abstraction et qui doit sa donation de sens purement à la sphère de la connaissance, en l'occurrence à une expérience pure, dépourvue de sentiment. Ce noyau du monde ambiant, c'est le monde simplement étant ; dit de façon prégnante : c'est le monde dépourvu de sens, c'est-à-dire le monde dépouillé de tout sens rationnel ou issu de la raison – la simple nature. Cette nature est la prédonnée et le domaine thématique des sciences de la nature, qui doit être déterminé par ces dernières.

P. 297, l. 15 :

[470] En d'autres termes : si, après notre déconstruction, nous nous attaquons de nouveau à une édification, [471] nous pouvons soit prendre de nouveau en charge les couches scientifiques que nous avons déconstruites (c'est-à-dire celles de notre monde ambiant de fait, tel qu'il a précisément fait l'épreuve d'une donation de sens) ; soit soumettre tout cela à l'abstraction afin de produire, en lieu et place de ce monde ambiant de fait, un monde ambiant conforme aux normes.

P. 302, l. 12 :

[472] En guise de couche inférieure nécessaire, une expérience physique, celle de la chair en tant que chose physique. La couche supérieure n'est pas possible sans la couche inférieure. La subjectivité animale, et par conséquent la subjectivité humaine également, ne peut être expérimentée objectivement et donnée originairement en tant qu'objet mondain qu'à la manière d'une subjectivité fondée dans une charnellité. « Monde » est un titre pour des objets [*für Objekte, für Gegenstände*] qui, par opposition à l'expérience fortuite, sont en soi et qui sont pourtant donnés comme étant en soi au sens qui est proprement celui de l'expérience. L'expérience physique est la seule à tirer d'elle-même pour ainsi dire la puissance de donner des objets, et tout d'abord pour le sujet individuel. Une subjectivité ne devient objective que par le fait qu'une chose physique, au sein de ce qu'on nomme « empathie », apparaît comme étant animée, et ce n'est qu'ainsi qu'un autre sujet existe pour moi, ce n'est que de cette façon que mon monde physique des objets reçoit le sens d'expérience d'un monde existant aussi pour autrui et pour tout autre, d'un monde intersubjectivement commun. D'un autre côté, les autres sujets et moi-même devenons de cette façon susceptibles d'être expérimentés comme intersubjectivement identiques, nous devenons des objets expérimentables par tout un chacun. Dans sa liaison à une chair objective, chacun est lui-même quelque chose d'objectif, quelque chose prenant objectivement place dans l'espace et dans le temps physique.

<*En dessous et en marge du texte précédent, on trouve l'esquisse suivante d'une lettre institutionnelle, rédigée en sens inverse* :> La productivité que M. le Docteur H<eidegger>, à titre d'auxiliaire pour mon activité d'enseignant en phénoménologie et en philosophie fondée phénoménologiquement, déploie dans des leçons, dans **[473]** ses travaux dirigés et dans les miens, ainsi que dans la direction des groupes d'étude ne sert pas autrement sa propre formation que ne le fait ma propre activité d'enseignement en ce qui me concerne. Objectivement, cette productivité sert en tout point la <*rayé par la suite* : doctrine scientifique> de l'université, et elle est si grande et (à mon avis) si précieuse justement pour notre université – qui, précisément en raison des études phénoménologiques, est fréquentée par un nombre assez considérable de jeunes gens tout à fait sérieux – que je ne peux considérer que comme parfaitement appropriée la rémunération au dixième échelon pour la place d'assistant permanent qu'il sollicite.

P. 307, l. 35 :

[474] Nous sommes maintenant prêts à considérer le monde ambiant actuel <*variante pour* : pleinement concret> de l'humanité ainsi que la pleine expérience au sein de laquelle ce monde nous est à tout moment donné comme monde ambiant, tel qu'il nous est précisément donné : à savoir comme un monde qui n'est justement pas pris dans l'attitude artificielle de l'expérience pure, qui n'est pas le distillat d'une déconstruction artificielle, mais qui est pris dans la pleine expérience conformément à laquelle il est immédiatement là pour nous comme un monde pourvu de façon si diverse de sciences, de couches de signification spirituelle. <*Rayé par la suite* : Nous ne procédons à présent à aucune déconstruction.> Il nous fait face **[475]** en tant que monde effectif malgré le changement permanent qui est le sien dans la mesure où tout acte spirituel accompli par les sujets singuliers ou par les sujets dans leur liaison communicative produit de nouvelles significations spirituelles ou modifie les significations précédentes (mais aussi, éventuellement, les abandonne, les biffe). Du point de vue du monde concret de l'esprit, il est également question de vérité, et par conséquent aussi de science. Sinon, il ne s'agirait tout simplement pas d'un monde. Comme nous le savons, il abrite en soi l'objectivité nucléaire au titre de la nature, et avant tout de la nature physique, qui peut être étudiée scientifiquement au sein de l'attitude dirigée sur l'expérience pure. Mais la physique au sens le plus large, la zoologie et la psychologie qui est donnée avec elle au sens que nous avons décrit précédemment, ne sont en aucun cas les seules sciences possibles. Le monde de l'esprit possède en tant que tel ses vérités et ses sciences propres. En tant qu'effectuation d'actes égoïques, d'actes du connaître, de l'évaluer, du souhaiter et du vouloir – bref, d'actes spirituels, tout prédicat spirituel est rapporté à des sujets de ces actes, à des humains en tant que sujets spirituels, à des personnes.

P. 312, l. 13-16 :

[476] L'expérience pure n'est que le soubassement permanent de la vie spirituelle concrète dans son expérience spirituelle et concrète du monde, sous la forme du monde spatio-temporel qui se maintient intuitivement en permanence et qui est donc accepté comme étant tel qu'il se donne là intuitivement comme monde de choses et d'animalités intuitives.

P. 350, l. 7 :

[493] Comme philosophe, je médite sur moi-même, sur ce que je fais, sur la façon dont je suis d'abord éveillé en tant qu'homme rationnel méditant – ou, plus que cela, en tant qu'homme rationnel juste. Ce faisant, j'embrasse d'un seul regard l'ensemble de ma vie en tant qu'horizon ouvert de toutes mes activités futures possibles ainsi que ma vie passée en tant que fondement motivationnel de mon futur possible, je les estime pratiquement l'une et l'autre. C'est ainsi seulement que je suis d'abord éveillé en tant que philosophe authentique, lorsque j'accomplis cette vue d'ensemble pour ma vie de connaissance en tant que vie dans un intérêt purement théorique. Mais cette vie est pourtant d'emblée rapportée aux autres sujets qui vivent avec moi et, en tant que vie pratique en général, elle consiste en un agir auprès des autres, avec les autres, en tenant compte des autres, et par le fait même à effectuer quelque chose qui n'est pas isolé au sein du monde qui se forme pratiquement mais qui, en relation et en intrication avec les effectuations d'autrui, contribue à la formation continue du monde ambiant pratique commun. Ainsi la vie théorique est-elle un rameau de la vie pratique globale dont le champ pratique est la théorie, à un degré supérieur l'unité de la théorie, et, au degré le plus haut, l'unité de la théorie universelle. [...]

GLOSSAIRE

Abbau : déconstruction
abtun : défaire
Affektion : affection
anschaulich : intuitif
Anschaulichkeit : intuitivité
Aufbau : construction, édification
ausmessen : vérifier la mesure
aussagen : énoncer
ausweisen : attester
auswerten : vérifier la valeur
begreifen : conceptualiser
Begründung : fondation
bestimmen : déterminer
bewahrheiten : vérifier
bewerten : estimer
Bestand : fonds
Beständen : composantes
Bestandstück : composante
Deckung : coïncidence, recouvrement
echt : authentique
Empfindung : sensation
fühlen : sentir
Gattung- : générique
Gebiet : domaine
Gebild : formation (parfois : création)
Gefühl : sentiment (parfois : affectivité)
Gegenstand : objet

gegenständlich : objectuel (parfois : objectal)
Gegenständlichkeit : objectité (parfois : objectualité)
Geist : esprit
geistig : spirituel (plus rarement : de l'esprit)
Geistigkeit : spiritualité
Gemüt : affectivité
Gestalt : figure (parfois : forme)
Gestaltung : configuration
Leib : chair
Leiblichkeit : charnellité
leisten : opérer, effectuer
Leistung : effectuation (plus rarement : prestation, opération)
messen : mesurer
nachprüfen : examiner
nachverstehen : comprendre après coup
nachwerten : évaluer après coup
Niederschlag : sédiment
normal : normatif (parfois : normal ou normalement, lorsqu'il est question de ce qui est habituel)
Normalität : normativité
normativ : normatif
normgerecht : conforme à la norme
Normhaftigkeit : caractère normatif (ou : conformité à la norme, normativité)
normierbar : qui peut être normé (ou : soumis à des normes)
normieren : normer
Normierung : normation
Prädikation : prédication
Rechtheit : justesse
Rechtmässigkeit : légitimité
Richtigkeit : rectitude
Sachwissenschaft : science d'objets
schätzen : apprécier
Schichte : couche
Stufe : niveau (parfois : degré)

vermeinen : présumer
vorschreiben : prescrire
vorzeichnen : préfigurer
wahrhaft : véritable, véritablement
Wert : valeur
wert- : axiologique
werten : (acte d') évaluer, évaluation
Wertnehmung : préhension de valeur
werthalten : considérer axiologiquement
Wertung : évaluation
wirklich : effectif, effectivement
Wirklichkeit : effectivité (parfois : réalité effective)
Zusammenhang : connexion (parfois : liaison, enchaînement)

INDEX NOMINUM

TABLE DES MATIÈRES

APPENDICES

Achevé d'imprimer le 28 février 2020
sur les presses de
La Manufacture - Imprimeur – 52200 Langres
Tél. : (33) 325 845 892

N° imprimeur 200194 - Dépôt légal : mars 2020
Imprimé en France